C.H.BECK WISSEN

«Adel verpflichtet» – so heißt es auch heute noch. Die Autorin und der Autor dieses Bandes, beide Neuzeithistoriker in München, gliedern ihr Thema in vier grundlegende Fragestellungen: Was ist überhaupt «deutscher Adel»? Welche Vorrechte nahm der Adel für sich in Anspruch, wie sicherte er sie ökonomisch ab, und wie verlieh er ihnen Ausdruck? Welche Vorstellungen von Familie, Erziehung und Lebensstil lagen der Lebensführung und dem Selbstverständnis des Adels zugrunde? Das vierte und umfangreichste Kapitel gibt schließlich einen Überblick über die zentralen historischen Herausforderungen der deutschen Adelsgeschichte von der «Adelskrise» des Spätmittelalters bis zur deutschen Wiedervereinigung. Dabei kommt auch die Rolle des Adels in der Gegenwart nicht zu kurz.

Walter Demel ist seit 1989 Professor für Geschichte der Frühen Neuzeit an der Universität der Bundeswehr München.
Sylvia Schraut ist seit 2005 Professorin für Deutsche und Europäische Geschichte im 19. und 20. Jahrhundert an der Universität der Bundeswehr München.

Walter Demel
Sylvia Schraut

DER DEUTSCHE ADEL

Lebensformen und Geschichte

Verlag C.H.Beck

Mit 5 Abbildungen

Originalausgabe

Gesamtherstellung: Druckerei C.H.Beck, Nördlingen
Umschlagentwurf: Uwe Göbel, München
Umschlagabbildung: Hessische Wappen aus: Johann Siebmacher (Begr.), Horst Appuhn (Hg.): Johann Siebmachers Wappenbuch von 1605
Printed in Germany
ISBN 978 3406 66704 6

www.beck.de

Inhalt

Vorwort

Eine Geschichte des deutschen Adels zu schreiben, ist riskant. Zum einen «blühen» noch viele alte Geschlechter, und manche Mitglieder halten allein Standesgenossen für kompetent, den Adel und dessen Geschichte zutreffend darzustellen und gerecht zu beurteilen. Zum anderen ist Adelsgeschichte aufgrund der landschaftlichen Heterogenität des deutschen Adels überwiegend das Metier von Landes-, Regional- und z.T. auch Hobbyhistorikern. So lässt sich gegen fast jede generelle Aussage ein Gegenbeispiel aus einer einzelnen Adelsfamilie oder -region anführen. Allzu viel an Differenzierungen erlaubt ein Bändchen im Umfang von 128 Seiten jedoch nicht. Das ist umso misslicher, als die Sozialgeschichte des deutschen Adels aufs engste mit der Verfassungsgeschichte des Reichs und der deutschen Länder verwoben ist. Verwiesen sei, speziell für das Mittelalter bzw. die europäische Perspektive, deshalb auch auf die Beck-Wissen-Bände «Der europäische Adel» (Nr. 2379) und «Die Ritter» (Nr. 2392) von Walter Demel bzw. Joachim Ehlers.

Auch wenn Sylvia Schraut Kapitel III und von Kapitel IV die Abschnitte 5–9 und Walter Demel die übrigen Teile verfasst hat, ist das Büchlein doch unser gemeinsames Werk: Alle Kapitel wurden gegenseitig gelesen und mit Verbesserungsvorschlägen versehen. Die nicht nur kollegiale, sondern auch freundschaftliche Verbundenheit zwischen uns hat, so hoffen wir, dafür gesorgt, eine Darstellung «aus einem Guss» entstehen zu lassen. Herzlich danken wir Herrn Prof. Dr. Karl-Heinz Spieß (Univ. Greifswald) für seine Verbesserungsvorschläge zu diversen Mittelalter-Passagen sowie Herrn Dr. Stefan Bollmann vom Verlag C.H.Beck München für die konstruktive Zusammenarbeit.

München, im Mai 2014

Walter Demel
Sylvia Schraut

I. Was ist «deutscher Adel»?

1. Was ist «Adel»?

Das deutsche Wort «Adel» geht auf das althochdeutsche «adal» zurück, das (vornehme) Herkunft bzw. (edles) Geschlecht bedeutet und mit Begriffen verbunden ist, die auf Herrschaft über ererbten bebaubaren Grund und Boden verweisen. Damit sind zwei zentrale Faktoren benannt: Landeigentum und, damit verbunden, Rechte gegenüber Bauern (im weitesten Sinne) sowie die Selbst- und Fremdwahrnehmung als erbliche Elite von «Edlen» im Vergleich zum (all-)«gemeinen» Volk.

Zum Begriff der Herkunft vorab eine genealogische Überlegung: Die Chance, mit Karl dem Großen verwandt zu sein, ist nicht so gering, wie man meinen möchte. Jeder hat bekanntlich zwei Eltern, vier Großeltern, acht Urgroßeltern usw., also 2^x für jede Generation an Vorfahren. Karl lebte vor rund 1200 Jahren, großzügig gesagt: vor 40 Generationen. 10^3 (1000) ist etwas weniger als 2^{10} (1024), 2^{40} also einiges mehr als 10^{12} = 1 Trillion. Ganz schön viele (theoretische) Vorfahren dafür, dass um 800 n. Chr. vielleicht gerade einmal 300 Millionen Menschen auf der ganzen Welt lebten! Der «Ahnenverlust» erklärt sich dadurch, dass immer wieder Leute Kinder bekamen, die einen bzw. mehrere – mehr oder minder entfernte – Vorfahren gemeinsam hatten. Gerade in hochadeligen Familien, die oft untereinander heirateten, wirkte sich dieser Verlust besonders stark aus. Da Karl der Große mehrere Ehefrauen und eine ganze Reihe Kinder hatte, stehen die Chancen also gar nicht schlecht, Karl unter die eigenen Vorfahren zählen zu können – sofern man Mittel- oder Westeuropäer, nicht aber z. B. Japaner ist.

Wenn etwa die frühneuzeitlichen Habsburger behaupteten, von diesem Kaiser abzustammen, meinten sie allerdings damit eine Abstammung in direkter männlicher Linie. Das ist in ihrem Falle nicht völlig auszuschließen, weil die Habsburger, im oberelsässisch-aargauischen Raum schon im 10./11. Jahrhundert nachweisbar, wahrscheinlich von Anfang an hochadelige Verwandtschaft besaßen. Aber selbst bei ihnen ist diese Herkunft nicht wirklich nachzuweisen, weil eben einfach die einschlägigen Quellen fehlen – und die Masse heutiger Adeliger, die, patrilinear betrachtet, irgendwann aus der Leibeigenschaft hervorging, dürfte in diesem Sinne mit Karl nicht besonders direkt verwandt sein.

Im Übrigen starben die Habsburger in männlicher Linie bekanntlich mit Kaiser Karl VI. 1740 aus. Die heutigen Familienmitglieder sind, streng nach der traditionellen Genealogie, Lothringer. Nicht zuletzt der überragenden Persönlichkeit der mit einem lothringischen Herzog verheirateten Kaisertochter Maria Theresia ist es geschuldet, dass sich die Familie weiter als Habsburger (bzw. zumindest als Habsburg-Lothringer) bezeichnen konnte. Denn wenn vom «Aussterben» eines Adelsgeschlechts die Rede ist, meint dies in der Regel, dass es keine männlichen Nachkommen mehr gab, die den Familiennamen hätten weiter tragen können, während sonstige Rechte und Ansprüche über die Töchter vererbt wurden. Dieser Fall trat häufig ein. Angenommen, eine gerade nobilitierte Familie hatte zwei Kinder. Dann lag die Wahrscheinlichkeit, dass es sich dabei um zwei Mädchen handelte, bei ca. 25 %. Starben die Töchter oder heirateten sie, ging der neue Adelsname nach dem Tod der Eltern schon wieder verloren. Aber nicht nur Familien[namen] verschwanden; vom 16. bis zum 20. Jahrhundert ging auch der adelige Bevölkerungsanteil in Mitteleuropa vermutlich ziemlich kontinuierlich zurück, nämlich von geschätzten 1,5 % auf höchstens 0,2 %.

Wer war adelig, und wie konnte der oder die Betreffende das beweisen? Hier ist zwischen einer informell-sozialen und einer – bis 1919 zunehmend wichtigeren – juristisch-gouvernementalen Perspektive zu unterscheiden, die im Einzelfall nicht unbedingt zum selben Ergebnis führen mussten. Schon im Frühmittelalter gab es («hochadelige») Geschlechter, die Herrschaft ausübten, untereinander heirateten und einen vagen Ahnenstolz teilten. Aber die Grenzen zwischen «(Nieder-)Adel» und «Nichtadel»

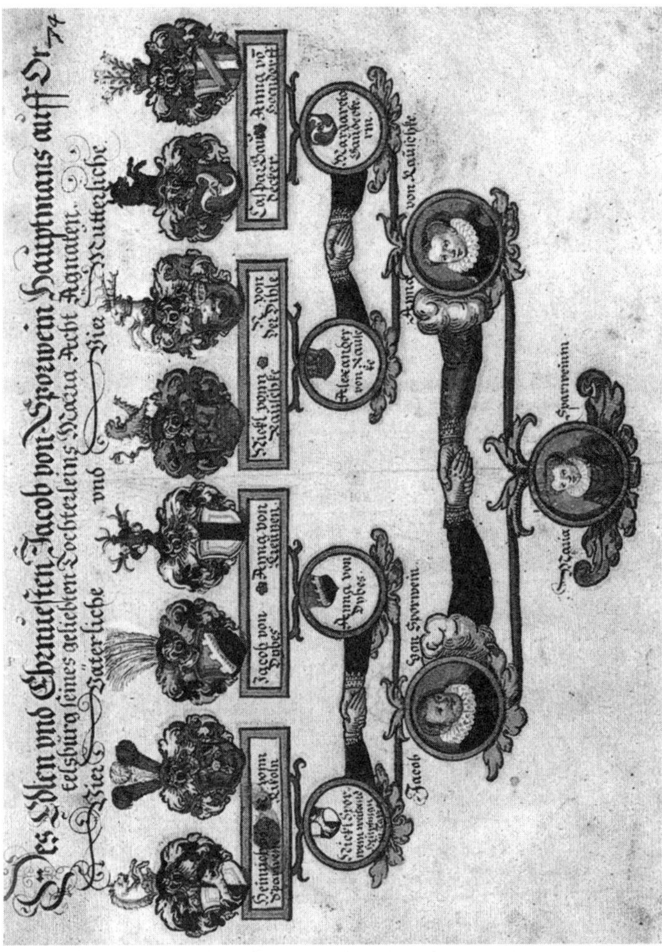

Ahnentafel der Maria von Sporwein. Um die «Reinheit» und damit Ehrwürdigkeit der eigenen Herkunft zu dokumentieren, legten viele Adelsfamilien in Haus- und Geschlechterbüchern Stammbäume an. Derartige Ahnenproben waren auch für den Zugang zu Ämtern und für die Heiratschancen von Bedeutung. Diese Ahnentafel entstammt einer Ende des 16. Jahrhunderts verfertigten familienübergreifenden Sammlung des Königsberger Hofkünstlers Johann Hennenberger. Jacob von Sporwein war Amtshauptmann und residierte auf der im südlichen Ostpreußen gelegenen Ortelsburg, ursprünglich einer Grenzfeste des Deutschen Ordens.

waren lange im Fluss. Wesentlich für den Aufstieg von Bürgern oder gar Bauern (Tirol, Ostfriesland) in den regionalen Niederadel waren v.a. Kriegsdienst bzw. Ämter und, damit verbunden, der Erwerb von Lehen, allgemein gesprochen: von Herrschaftsrechten. Ein Identitätsbewusstsein dieses Adels als eigene Gruppe scheint sich, infolge zunehmender standesinterner Kommunikation, erst ab 1400 in Auseinandersetzung mit dem Stadtbürgertum ausgeformt zu haben. Im 15. Jahrhundert tauchten Turnierfähigkeit und Ahnenprobe als rechtliche Distinktionskriterien auf. Bei Turnieren war anhand von Wappen zu beweisen, dass man von «ritterbürtigen», kampferprobten Ahnen abstammte – und nicht von Bürgern, die durch Geschäfte reich geworden waren. Die «Ahnenprobe», welche Dom- und bald auch andere Stiftskapitel sowie Rittergesellschaften damals zur Bedingung für die Aufnahme eines neuen Mitglieds einführten, verlangte gar den Nachweis von mindestens vier – je nach Vornehmheit des Kapitels auch mehr – adeligen Vorfahren. Dabei mussten auch die Großeltern schon Adelige, teilweise sogar Angehörige derselben Adelsgruppierung, gewesen sein. Das richtete sich gegen all diejenigen, deren nächste Vorfahren «unstandesgemäß» geheiratet hatten oder deren Adel auf einem Adelsbrief beruhte, wie er im Reich spätestens seit 1360 (bis 1500 indes in nur ca. 200 Fällen) ausgestellt worden war. Urkunden mochten, seit dieser Zeit sich ausweitender Schriftlichkeit, als Beweismittel dienen; ansonsten aber galten auch die beeideten Aussagen anerkannt adeliger Standesgenossen, dass ihrer Kenntnis nach die betreffende Familie seit «unvordenklichen Zeiten» adelig gewesen sei, als Beweis.

Dabei war der Adel in ganz Europa seit dem Spätmittelalter noch in Hoch- und Niederadel geteilt. Im Reich gehörten zum hohen Adel Fürsten (Herzöge, Land-, Mark- und Pfalzgrafen), Grafen und (hoch- bzw. edelfreie) «Herren», auf alle Fälle, seit bzw. sofern sie dem Reichstag angehörten. Einige (noch) nicht oder nur als Personalisten vom Reichstag rezipierte, meist erbländisch-österreichische Geschlechter wuchsen ausweislich der Aufnahme von Familienmitgliedern in bestimmte hochadelige Stifte (Domstifte von Köln und Straßburg, einige freiweltliche

Damenstifte wie Essen) langsam in diesen Hochadel hinein. Nach 1815 wurden die rd. 70 einst reichsunmittelbaren unter den hochadeligen Geschlechtern, die seit 1794 durch einen fremden Souverän mediatisiert worden waren, als «Standesherren» bezeichnet. Sie besaßen eigene Vorrechte wie die Anrede mit «Durchlaucht» bzw. «Erlaucht» (aber ohne «von Gottes Gnaden»!) und die weiterhin garantierte Ebenbürtigkeit gegenüber den regierenden Familien. Das führte indes nun nur noch selten zu Eheschließungen mit den Dynasten. Der Niederadel bestand dagegen ursprünglich aus Rittern, Edelknechten bzw. einfachen «von» (wobei dieser Zusatz mindestens bis zum 17. Jahrhundert keinen sicheren Hinweis auf eine Adelsqualität enthielt, wie er umgekehrt auch fehlen konnte). Zumindest nach 1500 pflegten beide Adelskategorien bei der Heirat oder – von Hofdiensten abgesehen – gesellschaftlich untereinander nur wenig Kontakt. Noch stärker betonten sie allerdings gegenüber dem Rest der Bevölkerung ihre soziale Exklusivität und einen durch ihr Standesethos bedingten Vorrang gegenüber allen Nichtadeligen. Denn gemeinsam war ihnen der Anspruch, spezifisch adelige Familienehre und Tugenden (wie Freigebigkeit, Mut, Rechtschaffenheit) an die Nachkommen weiterzugeben, durch eine standesgemäße Erziehung, besonders aber durch «blutsmäßige» Vererbung.

So bewegte sich der Adel stets zwischen dem Anspruch auf individuelle Tugend bzw. Tüchtigkeit und auf kollektive Ehre. Obwohl der «Zedler», das größte Universallexikon des 18. Jahrhunderts, 1732 meinte, dass man dem Adel nicht unrecht täte, «wenn man heut zu Tage saget, der Adel wird eher ererbet, als erlanget», so nannte er ihn doch apodiktisch einen «Ehrenstand, welcher um vorhergehender Tugenden und Verdienste willen von der höchsten Obrigkeit verliehen wird». Schon im Spätmittelalter hatten nämlich Könige und Kaiser (auch Päpste) begonnen, Personen in den erblichen Adelsstand zu erheben, um sie für ihre (Ver-)Dienste auszuzeichnen («Briefadel»). Dieses Vorrecht übertrugen sie im Reich auch an sog. Große Hofpfalzgrafen; diese durften allerdings keine Standeserhebungen innerhalb des Adels vornehmen. Während eines Interregnums nobilitierten ferner die Kurfürsten von Sachsen, der Pfalz bzw. Bayern in ihrer Funktion als Reichsvikare. Weil manche Landesherren, beginnend mit den Wittelsbachern ab 1606, als solche ebenfalls Standeserhebungen (auch innerhalb des Adels) durchführten und nicht für alle Begünstigten eine reichsrechtliche Anerkennung erlangten, entstand neben dem «Reichs-» ein «Landesadel». 1806 ging die Nobilitierungsbefugnis dann unbestritten auf alle neuen Souveräne über. Letztere stellten also keine oder zumindest eine ganz eigene Kategorie «Adelige» dar, da sie eben selbst Adelige kreieren konnten. Manche, wie Kaiser Franz Joseph oder Wilhelm II., taten dies fast exzessiv, auch König Max I. von Bayern nobilitierte gern, vor allem Beamte und Militärs, und zwar viel häufiger als sein Sohn Ludwig I. In Österreich wurden schon seit dem 18. Jahrhundert bemerkenswert viele Bankiers, Kaufleute und Unternehmer, selbst jüdischer Herkunft oder sogar Religion, geadelt, langgediente Offiziere seit ca. 1800 sogar fast automatisch in den Adelsstand erhoben. Dagegen kamen in Preußen von ca. 1840 bis mindestens 1870 fast nur noch große Grundeigentümer – oft auch ohne weitere Verdienste – zum Zuge. Nach englischem Vorbild sollte der Adel nämlich hier wieder ein Stand großer Gutsherren werden. Dafür wurde in Württemberg zwischen 1818 und 1913 den regelmäßig grundbesitzlosen Bürokraten und Militärs ab einem höheren Dienstgrad automatisch ein reiner Personaladel (der sich nicht einmal auf die Ehefrau erstreckte) verliehen. Zwar taucht Personaladel schon im 16. Jahrhundert auf, und Karl V. entschied sogar, dass Inhaber von Doktortiteln gegenüber einfachen Rittern den Vortritt haben sollten («Gelehrtenadel»). Doch diese württembergische Regelung war typisch «zivilgesellschaftlicher» Natur und widersprach grundsätzlich dem alten Ständeprinzip. Bis 1918 existierte aber noch eine übergeordnete Rechtskategorie «Adel».

Damit war es 1919 vorbei. In Deutschland erklärte die Weimarer Reichsverfassung (Art. 109) kategorisch: «Öffentlichrechtliche Vorteile oder Nachteile der Geburt oder des Standes sind aufzuheben. Adelsbezeichnungen gelten nur als Teil des Namens und dürfen nicht mehr verliehen werden.» In Österreich wurde Adelstitulaturen aller Art sogar verboten. Damit hörte der Adel auf, eine *rechtlich* abgrenzbare Gruppe zu sein. Als *soziale* Formation lebt er indes mit abnehmender Erkennbarkeit und personeller Stärke bis heute fort.

Wesentlich für eine Adelsfamilie war schließlich stets, von den Standesgenossen auch akzeptiert zu werden, d.h. vor allem, in deren Geschlechter einheiraten zu können. Gerade Letzteres mochte bei (rechtlich) Neuadeligen mehrere Generationen dauern. Umgekehrt konnten adelige Personen oder Familien wegen eines Titelverzichts, eines finanziell bedingt unstandesgemäßen Lebens oder eines «infamen» Verbrechens ihre Adelsehre und letztlich ihren Titel verlieren, ebenso durch dessen Nichtgebrauch oder vermehrte Missheiraten langfristig aus dem Adel «herausfallen». Der Adel war mithin keine völlig abgeschlossene, statische Personengruppe. Auch wenn im Laufe der Frühneuzeit Fürsten die Definitionsmacht über die Rechtskategorie «Adel» erlangten, wuchsen noch lange, meist in begrenzter Zahl und über zwei bis drei Generationen, nicht nur durch Nobilitierung, sondern auch durch Adelsusurpation oder stillschweigende Akzeptanz neue Mitglieder in ihn hinein, andere aus ihm heraus, und wieder andere stiegen innerhalb des Adels auf. Außerdem kam es mit der Zeit zu einer gewissen Titelinflation (und daher zu ständiger Konkurrenz um den Vorrang). Noch nach 1500 nannten sich alte Adelsfamilien Edel- oder Freiherren, um sich von den sozial aufgestiegenen Rittern abzusetzen, von denen dann die reichsunmittelbaren aber öfters vom Kaiser in den Grafenstand erhoben wurden. Auf Landesebene jedoch verstand man z.B. in Geldern um 1600 unter «Rittern» nur mehr die Mitglieder einer Ständevertretung. Auch im 19. Jahrhundert standen Ritter, etwa in Österreich, über einfachen «von». Die Edelfreien waren ihrerseits bis dahin größtenteils ausgestorben, sozial ab-, andernfalls inzwischen mindestens zu Grafen aufgestiegen.

Abgesehen von dieser Dynamik hatte sich der Adel seit dem Mittelalter als eigener «Stand» mit vererblichen Privilegien indessen von der übrigen Bevölkerung abgeschlossen. In der durch rechtlich-soziale Ungleichheit gekennzeichneten «ständischen Gesellschaft» zählten primär der Rechtsstatus und das

Alter des eigenen Geschlechts, sozusagen die akkumulierten Verdienste und Ehren, weniger das Vermögen oder die individuelle Leistung. «Stand» im *rechtlich-sozialen* Sinne war also eine gesellschaftliche Gruppe mit spezifischen Rechten und Pflichten. Die Privilegien des Adels als Ganzes und diejenigen bestimmter adeliger Gruppen waren weit ausgedehnt, die Pflichten aber auch nicht zu unterschätzen. Denn es galt, den eigenen Status bzw. den der eigenen Familie, vor allem deren Ehre, unter allen Umständen zu wahren, notfalls in einem Duell. Dabei herrschte innerhalb des Adels stete Konkurrenz: Rang und Prestige waren zu demonstrieren und, wo möglich, z.B. durch eine Heirat «nach oben» oder gar die Erhebung in einen höheren Adelsrang, zu steigern. Im Alltag war daher grundsätzlich ein standesgemäßer Aufwand zu treiben und eine würdige Haltung einzunehmen. Ein entsprechender Habitus dokumentierte dazu einerseits den hervorgehobenen Stand, erheischte andererseits die Ehrerbietung durch Rangniedere. Wenn sich ein Adeliger einmal nicht an die Normen adeligen Umgangs hielt, nach 1600 z.B. mit seinen Bauern im Wirtshaus ein Bier trank, musste dies als Ausnahme erscheinen, als besondere Herablassung. Generell setzten Adelsgenossen aus Standes- bzw. Familieninteressen adeliger Individualität meist enge Grenzen.

2. Was kann «deutscher Adel» bedeuten?

Adelige gab es in allen europäischen und vielen nichteuropäischen Gesellschaften. Aber was war nun «deutscher» Adel? Adel, der Deutsch sprach? Das wäre ein Ansatzpunkt. Doch das erstmals 786 auftauchende mittellateinische «theodiscus» (= «volkssprachlich»), das dem Wort «deutsch» zugrunde liegt, bezeichnet eine ganze Reihe westgermanischer Sprachen. Ob sich Bayern und Sachsen als Anhänger Ludwigs «des Deutschen» – die Übersetzung des 19. Jahrhunderts für das vereinzelt auftauchende «rex Germanorum» – in Verdun 843 untereinander verstehen konnten, ist unsicher; «Althochdeutsch» ist weitgehend ein Konstrukt von Linguisten. Wenn ab ca. 1000 von einem «regnum Teutonicum» die Rede ist, so war dies ursprünglich ein wenig schmeichelhafter «italienischer» Name für das Königtum jener Barbaren, die wieder einmal ihre Herrschaft über die Alpen nach Süden hin auszuweiten suchten. Er fungierte also noch nicht als Selbstbezeichnung, die auf eine gemeinsame sprachlich-kulturelle Identität schließen ließe. Für die Frühe Neuzeit sollte man nicht vergessen, dass z.B. der später zum «deutschen Nationalhelden» stilisierte Friedrich II. von Preußen lange eher (und wohl auch besser) Französisch als Deutsch sprach – weil Französisch seinerzeit eben an europäischen Fürstenhöfen oft die Alltagssprache war. Umgekehrt sprachen z.B. viele böhmische Adelige, auch solche slawischer Herkunft, lange Zeit eher Deutsch als Tschechisch.

War «deutscher Adel» Adel in Deutschland? Aber wo lag «Deutschland»? Der Begriff bürgerte sich erst im 16. Jahrhundert ein; davor sprach man vage von «deutschen Landen». Ab 1815 gab es einen Deutschen Bund, zu dem auch die österreichisch-böhmischen Erblande zählten, erst seit 1871 ein «Deutsches Reich» ohne diese Gebiete. Letztere Bezeichnung war schon in der Frühneuzeit, sogar in Frankreich oder Italien, nicht selten für jenes komplexe politische Gebilde verwendet worden, für das im späten 15. Jahrhundert, einer Phase der «Reichsverdichtung» angesichts äußerer Feinde (Burgund, Ungarn, Türken), erstmals der – allerdings nie offizielle – Name «Heiliges Römisches Reich deutscher Nation» auftauchte. Die Bezeichnung ohne Zusatz (Sacrum Romanum Imperium) ist seit 1254 belegt. Dieses Reich war jedenfalls kein Nationalstaat im modernen Sinn. Es umfasste nie Schleswig, höchstens kurzzeitig den «Deutschordensstaat», dafür aber u.a. Böhmen, das heutige Belgien und formal bis 1648 auch die heutigen Niederlande und die Schweiz. Sein Oberhaupt war noch bis 1806 offiziell ein von sakraler Würde umstrahlter «römischer» König bzw. ein Kaiser in der Nachfolge der antik-römischen Imperatoren. Der Tradition zufolge und im diplomatischen Verkehr stand der Kaiser – 1530 letztmalig vom Papst gekrönt, danach endgültig einfach als solcher von den Kurfürsten gewählt – an der Spitze der (westlichen) Christenheit, deren Rechte und (römische) Kirche er zu verteidigen hatte.

So verstand noch Karl V. sein «Kaisertum als eine universalistische Ordnungsmacht der abendländischen Christenheit über allen Einzelstaaten» (H. Rabe). Als er gegen Franz I. von Frankreich zum Kaiser gewählt wurde, lautete eines der Argumente für ihn, er sei aus «edelstem deutschen Blut» – eine ziemlich fragwürdige Begründung: Von den acht Urgroßeltern Karls war allenfalls sein Urgroßvater Friedrich III. als «Deutscher» zu bezeichnen, und der besaß eine polnische Mutter! Karl selbst wurde im flandrischen Gent geboren, seine erste Sprache war Französisch, mit 16 Jahren wurde er spanischer König. Wenige Jahrzehnte später hieß es über Wilhelm von Oranien(-Nassau-Dillenburg), er sei «van Duytschen bloed» – so bis heute die Nationalhymne der Niederlande, als deren Gründer der Oranier gilt. Doch schon im frühen 17. Jahrhundert wollte ein Dichter das «deutsche» in ein «holländisches Blut» verwandeln. Man mag dies als ein frühes Anzeichen einer einsetzenden «Nationalisierung» im modernen Sinn verstehen. Im 18. Jahrhundert mussten sich tatsächlich hochadelige Geschlechter im Raum des alten Lotharingien zunehmend entscheiden, ob sie sich (u. a. heirats-)politisch nach Wien oder Versailles orientieren wollten. Das kam aber nicht unbedingt einer Option für die deutsche oder französische Sprache gleich. In Grenzräumen wirkten, auch nachdem sich die konfessionellen und politischen Grenzen verfestigt hatten, transregionale, ja transnationale Eheverbindungen, Besitzverhältnisse, Dienstbeziehungen etc. teilweise noch lange nach. Niederadelige im Innern des Reichs waren dagegen in ihren Besitzverhältnissen und Heiratskreisen viel eher auf die eigene Region bzw. das eigene Land beschränkt geblieben. Also echter alter «deutscher Adel»?

Es waren die antiken Römer, die den Namen «Germanen» so weit verallgemeinerten, dass «sie aus den Völkern östlich des Rheins und nördlich der Donau die Germanen machten» (H. Wolfram). Schon deshalb war die mittelalterliche bzw. humanistische Übersetzung «Germani» = «Deutsche» problematisch. Denn obwohl bis heute die Germanen gern als die «alten Deutschen» gelten, hat es «ein Volk, das sich Germanen nannte, [...] vielleicht nie gegeben» (W. Pohl). Bereits das Frankenreich

Karls des Großen knüpfte an die Tradition des Jahrhunderte zuvor untergegangenen (west-)römischen Reiches an. Aus den ab 887/88 verfestigten Teilreichen gingen bis zum 12. Jahrhundert im Westen Frankreich, im Osten und Süden, bis Rom reichend, das neue Imperium Romanum der Ottonen und deren Nachfolger hervor. Die Bevölkerung dieses Reichs setzte sich aber keineswegs ausschließlich aus Nachkommen von Germanen zusammen, sondern, auch nördlich der Alpen, ebenso aus Nachfahren von Kelten, Romanen und Slawen. Das gilt natürlich in gleicher Weise für den sich damals herausbildenden Adelsstand; auch er war von unterschiedlicher ethnischer Herkunft. Was ihn verband, war die gemeinsame Unterordnung unter eben dieses König- bzw. Kaisertum.

Daneben enthüllt der innereuropäische Vergleich noch gewisse Gemeinsamkeiten innerhalb des «deutschen Reichsadels». Jedenfalls um 1800 lag dieser, außerhalb Böhmens, ähnlich wie der französische 1789, mit seinem Bevölkerungsanteil zwischen 0,3 % (Bayern 1810) und 1,0 % (Preußen 1790) zwischen den Extremen von mindestens ca. 5 % (Polen, Ungarn) einerseits und maximal 0,1 % (Schweiz, Niederlande) andererseits. Auch einkommens- und vermögensmäßig bewegte er sich im Mittelfeld: (abgesehen vom böhmischen Herrenstand) fast nie so reich wie englische Lords oder mittelosteuropäische Magnaten, aber – zumindest vor der Agrarkrise von ca. 1873 bis 1900 und den Verlusten infolge der Weltkriege – auch selten so arm wie etwa viele polnische Niederadelige. Das hatte auch mit seiner ungewöhnlichen Struktur zu tun, die wiederum mit den Verfassungsverhältnissen zusammenhing. Während sich in Frankreich spätestens seit Ludwig XIV. mehr oder minder alles auf den «Königsdienst» konzentrierte, boten sich den teilweise ziemlich mobilen Adeligen im Alten Reich neben eventuellem Grundbesitz vielfältige Erwerbsmöglichkeiten im Dienst ständischer Korporationen, der zahlreichen weltlichen oder (bis zu den Säkularisationen) geistlichen Fürsten. Letztere hatten außerhalb der Reichskirche fast nirgends ein Pendant – und sie versorgten eine Vielzahl von katholischen Adeligen mit Stellen. All das hatte freilich eine große rechtliche Heterogenität zur Folge: Es gab Landesherren bzw. Souveräne, einen mediatisierten bzw. nur von bestimmten Landesherren anerkannten Hochadel sowie einen Niederadel, der bis 1806 in reichsunmittelbare Reichsritter, mediatisierte, aber nur teilweise landtagsfähige Landadelige, zeitweilig Übergangsgruppen (Trierer, fuldische und vogtländische Ritterschaft) sowie einzelne adelige reichsstädtische Patrizierfamilien («Stadtadel») gespalten war.

Nach 1806 besaß dann jeder deutsche Staat sein eigenes Adelsrecht, seit 1815 war er allerdings durch die Deutsche Bundesakte gehalten, den Mediatisierten – umfangmäßig differenziert nach Standesherren und ehemaligen Reichsrittern – Rechte und Vorzüge zuzusichern, «welche aus ihrem Eigenthum und dessen ungestörten Genusse herrühren, und nicht zu der Staatsgewalt und den höhern Regierungsrechten gehören» (Art. XIV). Über diese nur partielle Vereinheitlichung des Adelsrechts ging auch die Reichsverfassung von 1871 nicht hinaus. Indem sie jedoch eine gemeinsame Staatsangehörigkeit schuf (Art. 3), kreierte sie in rechtlichem Sinne erstmals einen «deutschen Adel» (unter Ausschluss des österreichischen; dafür war er zu 70% preußisch), der aber schon 1919 wieder unterging. Dabei blieb die Spitze dieses Adels immer mehr oder minder «supranational», Länder und Reiche übergreifend: Hochadelige heirateten oft nach außerhalb, besaßen Güter in verschiedenen Ländern und dachten eher europäisch als national. Deshalb konnte noch Otto von Habsburg, obwohl Europaabgeordneter der CSU, gegen die doppelte Staatsbürgerschaft argumentieren: Zwei Staatsbürgerschaften seien viel zu wenig – er selbst verfügte über vier! In den 1918 neu gegründeten Staaten wie Polen oder der ČSR hatten solche Hochadelsfamilien noch optieren müssen, ob sie etwa Polen oder Deutsche, Tschechen oder Österreicher sein wollten – was selbst innerhalb eines Geschlechts zu unterschiedlichen Ergebnissen führen konnte. Ab 1938 änderten sich die Grenzen Deutschlands und damit die nationalstaatliche Abhängigkeit mancher Adelsfamilien erneut, ebenso 1945, als viele ehemals preußische Adelige aus den Ostgebieten in die (späteren) beiden deutschen Staaten flohen.

Kurzum: Der mitteleuropäische Adel war unterschiedlicher

ethnischer Herkunft, rechtlich (und konfessionell!) heterogen, teilweise «international» verflochten und nie in einem Nationalstaat «Deutschland» mit dauerhaften Grenzen lebend – das alles macht es so schwer, einen «deutschen Adel» zu charakterisieren. Denn man kann den Begriff für verschiedene Epochen nur unterschiedlich und stets unscharf fassen.

3. Adelsgesellschaften und Adelslandschaften

Vor dem 17. Jahrhundert vermochte kein Herrscher «absolutistisch» zu regieren. Herrschaft bedeutete, Gehorsam einzufordern, dafür aber «Schutz und Schirm» zu bieten. Dazu konnten selbst Könige bzw. Kaiser auf «Rat und Hilfe» der ihnen unterstellten «Großen» nie verzichten. Deshalb hielten sie im Mittelalter festliche Hoftage zur Konsultation von Personen ab, die sie für wichtig hielten. Nach einigen Treffen von Reichsständen ohne das Reichsoberhaupt folgten seit dem späten 15. Jahrhundert Reichstage mit relativ fester, in der Reichsmatrikel von 1521 fixierter Mitgliedschaft. Dabei war es nicht selten eine Mehrheit mächtiger Fürsten, die maßgeblich eine Entscheidung herbeiführte, wie z. B. 1180 die Ächtung Heinrichs des Löwen oder die Reichsreform von 1495. Das entsprach dem u. a. von dem Staufer Friedrich II. verkündeten politischen Grundsatz: Was alle angeht, muss von allen gebilligt werden. «Alle» waren natürlich nicht alle Untertanen, sondern eben die (jeweils) rangminderen Träger autogener Herrschaftsrechte, die im Rahmen der Vasallität von dem Lehensherrn oft nur bestätigt wurden.

Lehenspyramide und Ständeordnung waren Konstrukte hochmittelalterlicher Theoretiker. Danach stand der Klerus als erster Stand über dem Adel – aber natürlich entstammten die Bischöfe, seit dem 14./15. Jahrhundert auch die Domherren, bis 1803 in der Regel eben diesem zweiten Stand. Kronvasall war, wer als geistlicher oder weltlicher Fürst sein Lehen unmittelbar vom König bzw. Kaiser empfing. So entstand, ab 1180 beschleunigt, ein exklusiver Reichsfürstenstand. Im Gegensatz zu dem vom «Schwabenspiegel» gezeichneten Bild der «Heerschildordnung» nahmen indes auch Grafen oder manche Ritter Lehen direkt vom

König, andere von Fürsten oder, seltener, von Gleichrangigen – gern sogar von mehreren Lehensherren. Langsam entwickelte sich eine Hierarchie und, damit verbunden, ein zweistufiger Aufbau des Reichs. So bildeten Kronvasallen des regnum Teutonicum, d. h. außerhalb von «Reichsitalien» und Burgund, die geistlichen und weltlichen Reichsstände und empfanden sich zunehmend als «Reichsnation»; dazu kamen die Reichsstädte, in denen der König/Kaiser formal Stadtherr war. Abgesehen von der (Reichs-)Städtekurie, untergliederte sich der Reichstag in die – laut Goldener Bulle (1356) sieben, 1648–1806 acht bis zehn – Kurfürsten als Kurie der zur Königs- bzw. Kaiserwahl Berechtigten sowie in die Kurie der Reichsfürsten. Diese führten jeweils eine Stimme, während die Reichsgrafen zwischen 1495 und 1653/54 als regionale Korporationen (Wetterau, Schwaben, Franken, Niederrhein-Westfalen) vier Gemeinschaftsstimmen im Reichsfürstenrat erwarben. Stets gab es daher auf den Reichstagen nur drei Kurien, die getrennt tagten und abstimmten und von denen die der Fürsten zahlenmäßig die größte war.

In ihren eigenen Reichsterritorien standen spätestens im 16. Jahrhundert den Reichsfürsten eigene Landstände gegenüber, zu denen alle Adeligen gehörten, die landesspezifisch bestimmte Kriterien (wie Indigenat, Alter des Adelsgeschlechts, Besitz bestimmter Güter) erfüllten. Seit dem späten 13. Jahrhundert, beginnend u. a. in Böhmen und Braunschweig-Lüneburg, hatte sich der Adel nämlich in fast allen deutschen Ländern (mit Ausnahmen wie Pfalz, Ansbach) auch zu einem *politischen* Stand entwickelt, d. h. zu einer Korporation, die – von ihrem Landesherrn mit gewisser Regelmäßigkeit und in festen Formen einberufen – ihm in Kooperation und gelegentlicher Konfrontation gegenübertrat. Wie dieser beanspruchten die oft intern uneinigen Landstände, zu denen regelmäßig auch Geistliche (Prälaten bzw. Domherren) und Vertreter der Städte, aber selten der Landbevölkerung zählten, nämlich das «Gemeinwohl» des Landes zu vertreten. Der deutsche Adel folgte damit einer Entwicklung, die in León, England und Ungarn schon früher eingesetzt hatte. Dabei bildete er nicht immer nur eine einzige Kurie: Im Osten des Reichs, z. B. in Böhmen und Niederösterreich, tagten Grafen und

Sogenannte Ratssitzung Graf Eberhards des Milden. Das verloren gegangene Original dieses Bildes, das die sogenannte Ratssitzung Graf Eberhards III., genannt «der Milde», von Württemberg (reg. 1392–1417) darstellt, stammt aus der Mitte des 15. Jahrhunderts. Es zeigt, vermutlich aufgrund einer schriftlichen Quelle, den Grafen bei Beratungen mit benachbarten Fürsten wie den Bischöfen von Konstanz und Augsburg oder den Herzögen von Urslingen und Teck, aber auch mit Rittern, die vielleicht in einer gewissen Abhängigkeit von Eberhard standen. Rund hundert Jahre später wurden Kopien dieses Bildes verfertigt, möglicherweise als Mahnung der württembergischen Landstände an ihren Landesherrn, «wie seine Vorfahren wieder mit Rat des Landes, jetzt in Gestalt der Stände zu regieren» (D. Mertens).

«Herren» getrennt von den Rittern. Umgekehrt schieden die Adeligen bald nach 1500 aus dem Landtag von Württemberg, später auch aus dem von Bamberg, Würzburg, Trier und Fulda aus. Diverse Turniergesellschaften und Landfriedenseinungen hatten seit rd. 150 Jahren dafür gesorgt, dass sich die Niederadeligen in Schwaben, Franken und im Rheinland, teils unter Einbeziehung der Grafen, untereinander kennenlernten und organisierten. Als sie 1542 erneut mit der Forderung nach einer «Türkensteuer» konfrontiert und damit vor die Alternative gestellt wurden, sich von Fürsten besteuern und damit mediatisieren zu lassen oder selbst mit Hilfe einer eigenen Organisation eine entsprechende Summe aufzubringen, begann sich eine dauerhafte (letztlich Zwangs-)Korporation institutionell auszubilden: die Reichsritterschaft. So formierten sich in den genannten Gebieten jeweils Ritterkreise, verbunden durch Konvente und Korrespondenzen, aber ihrerseits unterteilt in insgesamt 14 Kantone (die elsässische Ritterschaft führte ein Eigenleben, schon bevor sie 1648 unter französische Herrschaft kam). Kantone waren regionale Ritterfamilien und deren Güter umfassende «Föderativherrschaften» mit obrigkeitlichen Rechten (Steuererhebung!), eigenen, meist in Städten gelegenen Kanzleien und auf Zeit gewählten Direktoren, also gewissermaßen autonome Adelsrepubliken. Dabei unterstellten sich die Reichsritter unmittelbar dem Kaiser und leisteten ihm direkte Zahlungen («Charitativsubsidien»). Obwohl sie in vielfacher Hinsicht Mitträger des Reichs waren, verfügten sie nicht über Sitz und Stimme am Reichstag, da sie keine Reichssteuern zahlten. Die Reichsgrafen, die seit 1511/34 Allianzen mit Rittern mieden, nahmen eine ähnliche korporative Entwicklung, erwarben dabei aber, wie erwähnt, immerhin einige wenige Kuriatstimmen auf dem Reichstag.

Derartige Korporationen und/oder eine gemeinsame Landesherrschaft trugen zur Ausbildung neuzeitlicher Adelslandschaften bei, d. h. Regionen oder Territorien mit einer nach Karrieremustern, Heiratsverhalten und Lebensstil relativ einheitlichen Adelsbevölkerung. So hoben sich in Österreich-Böhmen (ohne Tirol und Vorderösterreich) die durch zahlreiche Untertanen, Eigenwirtschaften, Hofämter und Kaisernähe ausgezeichneten

«Herren» von dem immer schwächer werdenden Ritterstand wie auch von den ab ca. 1780 zahlreichen Neunobilitierten ab. Doch wies der Adel hier eine hohe Binnendynamik auf, durch Standesveränderungen wie auch durch Migration. Ähnlich in Altbayern, wo der ältere Adel immerhin seit 1557 Landstandschaft und Niedergerichtsbarkeit auf Gütern außerhalb der Hofmarken sowie bis ca. 1800 auch höhere Ämter in der Landesverwaltung (kaum aber im Militär) für sich zu monopolisieren wusste. Schwaben, Franken, Ober- und Mittelrhein sowie der Süden und Osten des heutigen Hessen bildeten dagegen eine Region meist kleinerer Fürsten bzw. Reichsgrafen, vor allem aber vieler Reichsritter. Letztere fehlten, wie im Südosten und Osten, im Nordwesten des Reichs. Dort war der Adel ebenfalls konfessionell uneinheitlich. Doch neben dem Rhein-Main-Gebiet besetzte gerade auch in den niederrheinisch-westfälischen Hochstiften ein katholischer sog. Stiftsadel die Masse der Domherrenstellen, höheren Verwaltungsposten und Landtagssitze (Stiftsadel nennt man die Gesamtheit jener Familien, die aufgrund ihrer ständischen Qualität Zugang zu Dom- und Stiftskapiteln fanden). Ein ähnliches Quasimonopol erreichte im benachbarten Hannover eine kleine, dominierende Adelskaste. Nicht ganz so abgeschottet blieben die kursächsischen Ritter. Aber besonders die «Schriftsässigen» unter ihnen, die via Landtag politischen Einfluss ausübten, grenzten sich dennoch lange Zeit deutlich von den nobilitierten bzw. fremden Adeligen ab, die bei Hofe eine wichtige Rolle spielten und, zusammen mit reichen Bürgerlichen, seit 1720 kontinuierlich immer mehr Rittergüter aufkauften. Zeitlich verzögert, traf Letzteres auch auf Brandenburg zu. Der dortige, vielfach eher ärmliche Adel hatte im 16. Jahrhundert teilweise durch Erwerb oder Nutzung säkularisierten Kirchenguts, dann aber vor allem – wie in Pommern, Ostpreußen und Schlesien – durch die Ausweitung von Gutsherrschaft und Gutswirtschaft profitiert. So entstand das Bild des mit ausgedehnten Hoheitsrechten ausgestatteten preußischen «Junkers», der ökonomisch und auf dem Lande auch noch nach 1648 politisch dominierte, allerdings im 18. Jahrhundert großenteils zum Offiziersdienst herangezogen wurde.

Soweit ihm dann nicht der Schritt zum «Agrarkapitalisten» gelang, musste auch er allerdings seitdem vielfach Grundbesitz verkaufen. Die zeitweise rege Nobilitierungspolitik sowie die Integration zahlreicher polnischer und französischer Familien trugen überdies dazu bei, die Zahl landloser oder landarmer «Zaunjunker» noch zu vermehren.

Während sich infolge der genossenschaftlichen Organisationen von Reichsrittern und -grafen in manchen Territorien (Kurpfalz, Baden) nicht einmal dauerhafte Landstände ausbilden konnten, gelang es z. B. in Brandenburg und Bayern den Fürsten, ständische Mitwirkungsrechte spätestens nach 1648 zurückzudrängen: Letztmalig einberufen wurde ein kurmärkischer Plenarlandtag 1653, ein bayerischer 1669. Danach spielten die bayerischen Adeligen noch in ihren Hofmarken, die märkischen auf der Guts- bzw. Kreisebene eine wichtige Rolle, beide darüber hinaus bis in die ersten Jahrzehnte des 19. Jahrhunderts in ständischen Ausschüssen, die – mit unterschiedlichem Gewicht – in bestimmten Steuerfragen mitentschieden. Musste sich hier die landesherrliche Verwaltung also noch mit den Interessen adeliger Korporationen auseinandersetzen, so blieb der sächsische Kurfürst oder der Kaiser in seinen Erblanden auf die Kooperation ständischer Land- und Ausschusstage angewiesen. In den beiden Mecklenburger Herzogtümern dominierte die Ritterschaft spätestens von 1755 bis 1918 sogar weitgehend die Politik.

Nicht nur in den altständischen Landtagen bzw. Provinziallandtagen, sondern auch in den konstitutionellen Parlamenten konnte sich der Adel behaupten, wenngleich schon im Vormärz in den Zweiten Kammern nur als Minderheit. In Baden saßen hier fast keine Adeligen mehr – abgesehen von Ausnahmen wie Johann Adam v. Itzstein als Führer der Radikalen –, in Württemberg, Bayern oder Sachsen gingen 12–17% der Sitze an Edelleute. In Bayern stellten Adelige dann 1890 noch 6% der Abgeordneten, in Sachsen ab 1896 keinen mehr, während es in Preußen ab 1870 noch 20–30% waren. Aber Standesherren bzw. landsässiger Adel pflegten die fast überall geschaffenen Ersten Kammern quantitativ zu dominieren, obwohl die Entscheidungsprozesse eher von den bürgerlichen Mitgliedern bestimmt wurden. Gerade angesichts gewisser Tendenzen zu einer «Amalgamierung» der Eliten einerseits und der weitgehenden Gleichberechtigung der Ersten mit den Zweiten Kammern andererseits bildeten diese Residuen adeliger Macht, die erst 1918 schlagartig verschwanden. Auf Reichsebene entsprach den Ersten Kammern der Länder in gewissem Sinne der die Fürsten (und drei Freie Städte) repräsentierende Bundesrat, den Zweiten Kammern aber der Reichstag. Hier hielten Adelige 1871 40% der Mandate, 1890 noch rund 30%, danach beschleunigte sich der Rückgang – erst recht nach 1918, als er im Reichstag wie in den Landtagen auf durchschnittlich unter 5% absackte. Heute dürften in den deutschen Parlamenten Adelige zwar überrepräsentiert, aber gering an Zahl sein – sie finden sich zudem in so gut wie allen Fraktionen.

Auf gesellschaftlicher Ebene leben indes mehr oder minder exklusive Adelsvereinigungen verschiedenster Art (bis hin zu einem Verein deutscher Standesherren) fort. So halten z.B. die ursprünglich sächsischen, seit langem weit verzweigten v. Bünau seit über 500 Jahren z.T. regelmäßig Familientage ab. Seit einiger Zeit gibt es die Initiative «Adel auf dem Rad(e)l», die über das gegenseitige Kennenlernen junger Adeliger auch als «Eheanbahnungsinstitut» dient. In elitären Vereinen engagierten sich Adelige bis in den Vormärz hinein in großem Umfang. Danach konzentrierten sie sich eher auf exklusiv adelige Verbindungen mit geselligen (seit 1800 Adeliger Damenclub Münster), kulturellen (1924 gegründeter westfälischer Archivverein) oder karitativen Aufgaben (Malteser-, Johanniterorden). Politisch engagierte sich der konservativ-katholische «Verein katholischer Edelleute» oder die überkonfessionelle und -regionale, ursprünglich konservativ, später nationalsozialistisch geprägte «Deutsche Adelsgenossenschaft» (DAG). Deren Rechtsnachfolgerin stellt die 1956 gegründete, derzeit ca. 25 000 Mitglieder umfassende «Vereinigung deutscher Adelsverbände» dar, die sich der Archivpflege und historischen Forschung widmet. Auch wenn sich alte Adelslandschaften vielfach aufgelöst haben – all diese Gesellschaften dienten und dienen der Integration und damit dem sozialen Fortbestand des früheren Adelsstandes.

II. Privilegien, Berufswege und Vermögen

1. «Adelsehre» und adelige Privilegien

«[...] gelt leßt sich gewynnen und verlieren, ere nit», schrieb Markgraf Albrecht Achilles 1480. Unabhängig davon, wann die Vorstellung vom «blauen Blut» (vermutlich weil bei heller Haut, die im Freien arbeitende, sonnengebräunte Menschen selten besaßen, speziell die Armvenen bläulich erscheinen) aus dem Mittelmeerbereich übernommen wurde – jedenfalls waren Adelige stets stolz auf den tatsächlichen oder fiktiven «Stammvater» bzw. «Spitzenahnen» ihres Hauses und die Titel, Leistungen und Ämter all ihrer Vorfahren. Denn eine möglichst alte, vornehme Herkunft bot die Grundlage adeliger Ehre – und die war das vielleicht wichtigste, symbolische Kapital, das der Adel langfristig besaß, wollte er doch Ehrfurcht einflößen. Dazu zeigte er im Umgang seine Distinktionsmerkmale – materielle wie Haartracht, Kleidung, Schmuck, Waffen und habituelle wie Sprache, Gestik, ein teils «herrisches», teils «herablassendes» Auftreten, kurz: eine wohldosierte Mischung aus Hochmut, Nonchalance und Understatement. Deren alltägliche Demonstration, Aus- und Einübung ließen die sozialen Unterschiede allen Beteiligten als «natürlich» erscheinen und waren darauf ausgerichtet, die eigene Ehre, besonders die der Familie, zu bewahren. Erzählungen, Ahnengalerien usw. dienten der Erinnerung an frühere Leistungen und Würden. Schändliche Akte der Ahnen (Verschwendung, Missheirat, Feigheit, Verrat, Bruch der konfessionellen Loyalität) suchte man dagegen umzudeuten, herunterzuspielen oder aus dem Kollektivgedächtnis zu tilgen, gelegentlich sogar durch Fälschung einer Familienchronik. So wurden Familiengeschichten immer wieder nach den aktuellen Bedürfnissen modelliert; Adel war und ist – heute mehr denn je – eine Erinnerungsgemeinschaft.

Rechtlich abgesichert wurde die Ehre von Standesvorrechten, die jedes Mitglied des Adels verteidigen konnte und sollte – vor Gericht, lange auch durch Selbsthilfe. Noch im 19. Jahrhundert waren Duelle als Ausdruck adeliger Autonomie im deutschen Adel durchaus verbreitet, wenn man auch meist zu vermeiden suchte, sich zu töten. Duellanten erwarteten jedenfalls mildernde Umstände bei Übertretung der damaligen Duellverbote, galt doch Duellieren gerade in preußischen Offizierskreisen ohnehin nicht als Delikt, sondern als Ehrenpflicht.

Natürlich gab es nie «den» Adeligen in dem Sinne, dass es – auch nur in «Deutschland» – einen einheitlichen Kanon an Vorrechten gegeben hätte, die sich alle Adeligen teilten und von denen alle Nichtadeligen ausgeschlossen gewesen wären. Privilegien unterschieden sich nach Rang und Land bzw. Region, manche, z. B. die Anrede «Herr», mussten sich Edelleute schließlich mit bürgerlichen hohen Beamten oder Offizieren teilen. Andere Vorrechte waren an Grundbesitz gebunden, wie der Mühlenbann oder der Bierzwang, d. h., die Grunduntertanen waren verpflichtet, ihr Getreide in der Mühle des Herrn mahlen zu lassen und nur sein Bier zu trinken. Zu den generellen Privilegien des frühneuzeitlichen Adels zählten neben Formen der Begegnung (ehrenvoller Gruß, Verbeugung seitens Rangniederer) und dem Besitz eines speziell gestalteten Wappens vielfach Ehrenvorrechte wie eine eigene Kirchenbank nahe am Altar oder eine besondere Grablege. Da sich der Adel «Herrenspeisen» (Wild, Edelfische) vorbehalten wollte, bannte er Gewässer und nahm ein Jagdmonopol auf Hochwild in Anspruch. Im Prozessfall wurden Adelige, ebenfalls bis um 1800, nur durch ihresgleichen gerichtet, sie konnten ihr «adeliges Wort» geben, statt zu schwören, und mussten weder Schuldhaft noch Folter fürchten. Denn außer in Sonderfällen wurde auf die Bewahrung ihrer Adelsehre geachtet, ein adeliger Täter deshalb auch nicht in Kerker, Gefängnis oder Zuchthaus geworfen, sondern in Festungshaft genommen, nicht mit dem Galgen, sondern mit dem Schwert gerichtet. An politischen Vorrechten verfügten frühneuzeitliche Adelige neben den erwähnten besonderen Kurien auf Reichs- oder Landtagen mehr oder minder exklusiv über bestimmte

Herrschafts-, speziell Gerichtsrechte sowie Ämter: Offiziers- und Diplomatenposten, höhere Positionen in Regierung, Justiz und Verwaltung oder auch die Mitgliedschaft in geistlichen Stiften und Kapiteln. Noch nach 1800 waren ihnen gewisse Hofämter vorbehalten. Ferner waren sie wenigstens bis dahin von staatlichen Lasten wie bestimmten (v.a. direkten) Steuern, von Einquartierungen oder dem persönlichen Militärdienst zumindest teilweise, danach noch vereinzelt (als Standesherren) befreit. Schließlich konnten sie ihr Familienvermögen bis 1918 durch die Bildung von Fideikommissen wenigstens in der Masse vor Erbteilungen bewahren, was vielfach allerdings erst nach 1800, im Osten besonders nach 1850 genutzt wurde.

Wie erwarben bzw. rechtfertigten Adelige diese Vorrechte? Die Ehrenvorrechte ergaben sich teils aus Herrschaftsbefugnissen, teils aus der Nähe von Adel und Kirche – man denke an die zahlreichen adeligen Stiftungen oder das Patronat –, im Übrigen aber einfach aus dem Wesen der ständischen Gesellschaft und der Notwendigkeit, einen höheren Rang zu demonstrieren, auch beim Konsum. Bürger hatten ebenfalls ihre Ehre, Gesellen schlugen unter Umständen zu, wenn man ihrer Handwerksehre zu nahe trat. Adelige standen da mit ihrer spezifischen Ehre nur an der Spitze der Hierarchie und konnten dementsprechend darüber entscheiden, wer für sie satisfaktionsfähig war und wer nicht. Der sozialen Schichtung entsprechend war es zudem kaum denkbar, dass sich ein Hochadeliger dem Urteil eines Richters unterwarf, der bestenfalls zum (niederen) «Gelehrtenadel» zählte. Rechtsgleichheit existierte nicht: Noch das Allgemeine preußische Landrecht von 1794 bestrafte den nichtadeligen Verführer einer adeligen Frau wesentlich härter als den adeligen Verführer eines Bauernmädchens. Steuergleichheit konnte es schon deshalb nicht geben, weil die Steuer zunächst einmal wesentlich als Ersatzleistung für diejenigen Schichten eingeführt worden war, die im Gegensatz zum Adel nicht persönlich Heeresfolge leisteten. Als später viele Adelige nicht mehr als Militärs dienten, wuchs die Kritik an der (relativen) Steuerfreiheit, aber immer noch galt, dass Adelige durch Erziehung und Jagdtätigkeit eher im Waffengebrauch geübt wurden und waren als der Durchschnittsbürger und dass sie auch als gesellschaftliche Autoritätspersonen eher für Offiziersstellen in Frage kamen. Schließlich fühlte sich der Adel traditionell berufen, Könige oder Fürsten zu vertreten bzw. zu beraten, da er an deren Herrschaft teilhatte, sei es, weil er über besondere Qualifikationen (wie Fremdsprachenkenntnisse) verfügte, sei es, weil er selber Erfahrungen in der Ausübung von – rangniederer – Herrschaft besaß.

2. Herrschaftsrechte

Herrschaft über einen größeren Untertanenverband (Diener, abhängige Bauern etc.) bedeutete stets zweierlei: Befehlsgewalt, die bei Ungehorsam im Frühen Mittelalter sogar das Recht über Leben und Tod des Abhängigen umfasste, aber auch eine zumindest moralische Verpflichtung zu Schutz und Fürsorge gegenüber den Untergebenen. Das galt selbst für Könige und Fürsten, die im Mittelalter noch eher eine «Konsensherrschaft» pflegten, weil damals personale Beziehungen ohnehin im Vordergrund standen, die durch Reiseherrschaft gepflegt werden mussten. Dass aber die Innsbrucker Wirte, als ihr Kaiser und Tiroler Landesherr Maximilian I. letztmalig die Stadt besuchte, seinem Tross Quartier und Stallungen verweigerten, weil Maximilian seine Schulden nicht bezahlt hatte, besagt einiges über die Relativität selbst der Kaisermacht um 1500. Ungefähr 100 Jahre später verbreitete sich der Begriff der Landeshoheit für ein Bündel landesherrlicher Rechte, mit deren Hilfe der Staatsbildungsprozess vorangetrieben wurde, wie Hochgerichts-, Zoll- und Münzrechte. Bei der Gesetzgebung, speziell in puncto Steuern, hatten Landstände damals meist ein gewichtiges Wort mitzureden. Aber 1648 verlieh der Westfälische Friede offiziell den Landesfürsten das Bündnisrecht (außer gegen «Kaiser und Reich»), mithin die aktive Teilnahme an der europäischen Diplomatie, sowie das Recht auf Bewaffnung. Das hieß, nach Interpretation des Reichstags von 1654, dass die Landstände zur Finanzierung der Landesfestungen und -garnisonen verpflichtet waren – was die größeren Fürsten zu einem Aufbau eigener stehender Heere nutzten. Das stärkte gemeinhin die Macht der Landesherren und schwächte die Landstände. Sogar in der Zeit des «Absolutismus», als der landständische Einfluss in den meisten Ländern zurückging, bürokratische Strukturen sich v.a. in den Zentralverwaltungen etablierten und im Gerichtswesen ein Instanzenzug bestand, mussten etwa Steuereinnehmer eines Landesherrn auf der Ebene des Dorfs in der Regel indes noch vieles mit den Gemeinden aushandeln.

Unterhalb der im Spätmittelalter entstehenden Landesherrschaft hatte sich die Lokalherrschaft von Adeligen, aber auch von geistlichen Institutionen und gelegentlich Städten, Bürgern oder Universitäten, zunehmend ausdifferenziert. Das sog. Villikationssystem, ein umfassender Herrschaftsverband, in dessen Mittelpunkt ein Fronhof stand, der vom adeligen Herrn oder seinem Verwalter (Meier) mit Hilfe von Hörigen bewirtschaftet wurde, hatte bis um 1300/50 infolge sich ausbreitender Markt-, speziell Geldbeziehungen weitgehend der (jüngeren, römischrechtlich beeinflussten) Grundherrschaft Platz gemacht. Die Bauern, nun überwiegend in Dörfern wohnend, leisteten dem oder den Grundherren (die auch gemeinsam Herrschaft ausüben konnten) regelmäßige Abgaben in Geld (Zins) und/oder Naturalien (Gilt, Gült) sowie unregelmäßige Zahlungen, besonders im Fall eines Besitzwechsels (Laudemium). Sie besaßen jedoch als Grundholden das Untereigentum am Boden, das sie in der Praxis regelmäßig, und meist auch de jure, an ihre/n Erben weitergeben konnten. Ferner entrichteten sie den Zehnt, eine Abgabe an die Kirche, die aber durch Verkauf oder Verpfändung oft auch in weltliche Hände überging. Fronen mussten für die Grundherren, die im Südwesten des Reichs fast keine, andernorts aber in der Regel nur in begrenztem Umfang Eigenwirtschaft trieben, relativ wenige geleistet werden – unter Umständen eher noch für die Gerichtsherren (Boten-, Wachdienste). Grundherr und Gerichtsherr waren in vielen, aber nicht allen Gebieten identisch. Zudem ist spätestens nach 1500 zwischen Niedergerichtsbarkeit (Patrimonialgerichtsbarkeit: Ahndung kleiner Delikte, Polizeigewalt, Durchführung der freiwilligen Gerichtsbarkeit) und Hochgerichtsbarkeit = Blutsgerichtsbarkeit, also der Verfolgung schwerer Straftaten, die mit

Leib- oder Lebensstrafen geahndet wurden, zu unterscheiden. Letztere lag meist beim Landesherrn, aber z.B. österreichische «Herren» verfügten über sie, Reichsritter dagegen nicht durchgehend. Für gerichtsherrliche Leistungen, die im Deutschen Reich nach seit langem zunehmenden staatlichen Kontrollen 1877 endgültig beseitigt wurden, wurden Taxen und Sporteln erhoben. Weiterhin besaßen viele Adelige das Patronatsrecht, d.h., sie konnten, mit gewissen Einschränkungen, den Pfarrer ernennen, hatten ihn dafür aber auch zu besolden und den Kirchenbau zu erhalten. Die Hörigkeit oder Leibeigenschaft ging, u.a. infolge des spätmittelalterlichen Bevölkerungseinbruchs, zurück – zu leicht konnten sich Bauern, die sich unterdrückt fühlten, damals ihrem Herrn durch Flucht entziehen. Um 1500 war die Leibeigenschaft in manchen Gebieten (z.B. in Tirol und weiten Teilen Frankens) schon völlig verschwunden. Etwa in Schwaben, aber auch im Westen oder in Westfalen lebte jedoch immer noch ein beträchtlicher Teil der Bevölkerung als Leibeigene, meist gebunden an ihre Scholle sowie den Heiratskonsens ihres Herrn und von diesem teilweise beerbt. Im weiteren Verlauf lockerten sich diese rechtlichen Einschränkungen aber recht schnell. Bestehen blieben bis zur endgültigen Aufhebung der («alten») Leibeigenschaft zwischen 1781 (Österreich) und 1848, die nur noch eine kleine Minderheit betraf, gewisse Abgaben wie das Besthaupt (vom Vieh) oder das Bestkleid, die, für sich genommen, wie die leibherrlichen Fronen gewöhnlich nicht allzu belastend waren.

In den ostelbischen Gebieten inklusive Böhmen (mit Übergangszonen etwa in Niederösterreich und Sachsen) verbreitete sich nach ca. 1550 indes eine «zweite Leibeigenschaft», die Erbuntertänigkeit, nachdem dort zuvor die rechtlichen Bedingungen jedenfalls der als Kolonisten ins Land gekommenen Bauern besser gewesen waren als in den Altsiedellanden. Nun sorgten die sich ausweitende, auf den Getreideexport (via Elbe, Oder, Weichsel) ausgerichtete Gutswirtschaft und die Schwäche der Landesherrschaften für die Entstehung der Gutsherrschaft, gekennzeichnet durch Schollenpflicht, Heiratskonsens und Gesindezwangsdienst (für Jugendliche), verbunden mit auf mehrere

Tage pro Woche wachsenden Fronbelastungen. (Der Dualismus von Grund- und Gutsherrschaft stellt natürlich eine starke Vereinfachung der komplexen Agrarverhältnisse dar.) Da der Gutsherr die meisten der erwähnten Herrschaftsrechte, in Holstein, Mecklenburg und Pommern oft sogar inklusive Hochgerichtsbarkeit, zu bündeln pflegte, war er der fast unumschränkte Herr über seine Untertanen, u.a. dank seines ausgedehnten Züchtigungsrechts. Auch diese Rechte wurden ab 1781 abgebaut. Noch nach 1848 mussten jedoch viele Bauern an ihre ehemaligen Herren Entschädigungen für aufgehobene grund- oder gutsherrliche Leistungen zahlen.

Der «klassische» Landedelmann unterschied sich vom «gemeinen Mann» also dadurch, dass er Herrschaft ausübte. Handelte es sich dabei um eine patriarchalische Herrschaft? Adelige und Adelsapologeten bis hin zu Literaten wie Fontane in seinem realistischen, gleichwohl melancholisch unterlegten «Stechlin» haben dies immer wieder suggeriert. Adelskritiker, auch marxistische Historiker, sprachen dagegen von Unterdrückung und Ausbeutung. Für beides lassen sich Belege finden: Im großen Bauernkrieg von 1525 verteidigten die Untertanen die Burg ihres Grundherrn Hans v. Bodmann gegen die Aufständischen – das Geschlecht stand, wohl zu Recht, im Ruf einer bauernfreundlichen Haltung. Aber das dürfte eher eine Ausnahme gewesen sein, vielleicht gerade für einen Herrn, der nur über wenige Untertanen verfügte. Vom Mittelalter an kam es, von unzähligen kleinen Widersetzlichkeiten zu schweigen, immer wieder zu lokalen, bisweilen auch zu regionalen Unruhen, wie noch 1848, als etwa 30000 Landbewohner zur Wiesbadener Residenz der Nassauer Fürsten zogen, um endlich die Aufhebung bzw. Ablösung der Grundlasten zu erzwingen. Der oberösterreichische Bauernaufstand von 1626 richtete sich zwar vornehmlich gegen die katholisch-bayerische Besatzungsmacht, aber die lutherischen Grundherren unterstützten ihre bäuerlichen Konfessionsgenossen nur lau, denn zu groß war ihre Angst vor einem sozialen Umsturz. Obwohl besonders das Luthertum das Ideal des «Hausvaters» und damit patriarchalische Ideale stärkte, blieb Herrschaft immer ein Ausdruck sozialer Ungleichheit. Indes wurde diese in der ständischen Gesellschaft als gottgegeben akzeptiert, soweit die Herren nur die herkömmlichen, landesüblichen Forderungen stellten. Jede Krise, egal auf welcher Seite (z. B. eine Missernte, bei der der Herr auf seinen gewohnten Abgaben bestand), oder jede Veränderung (z. B. vermehrte Fronen bei der Einführung neuer Feldfrüchte; sie waren neben Klagen über Wildschäden ein Anlass für die sächsischen Bauernunruhen von 1790) führte leicht zu Konflikten. Letztere konnten eskalieren – trotz deutlicher Tendenz, Gegensätze vor Gericht auszutragen, wobei Untertanen gegen ihre adeligen Herren keineswegs chancenlos waren. Gerade eine derartige «Verrechtlichung» verweist jedoch auf ein Problem: Mochte ein mittelalterlicher Ritter noch als «Schutzherr» seiner Untertanen, etwa bei einer Fehde, auftreten können, so ging diese Schutzfunktion, die die adelige Lokalherrschaft ursprünglich legitimierte, langfristig zunehmend auf den Landesherrn und dessen Bürokratie über. Wofür also zahlte der Bauer noch Abgaben – neben den seit langem steigenden Steuern? Das Modell der Grundleihe, wonach ein adeliger Grundeigentümer einen mehr oder minder großen Teil seines Bodens an Bauern zur Nutzung «verliehen» hatte, lieferte zwar seit 1789 die Rechtsgrundlage dafür, dass grund- und gutsherrliche Rechte – im Gegensatz zu leibherrlichen, welche aus der Sicht der bürgerlichen Freiheitsideologie nur einen alten Missbrauch darstellten – als Eigentumsrechte nicht einfach entschädigungslos abgeschafft, sondern nach einem bestimmten Maßstab abgelöst werden mussten (zumal auch die Staaten, die über derartige Rechte ebenfalls verfügten, sonst einen gewaltigen finanziellen Verlust erlitten hätten). Aber davon, dass nur der freie Bauer, der den von ihm bebauten Boden zu Volleigentum besaß, mit vollem Einsatz und damit auch aus volkswirtschaftlicher Perspektive optimal wirtschaften würde, davon waren liberale Geister zutiefst überzeugt. Zudem waren die persönlichen Beziehungen zwischen Untertanen und Herren umso mehr abgebrochen, je seltener Letztere auf dem Land präsent waren, weil sie z. B. in der Stadt wohnten oder Militärdienst leisteten. So verschwanden sämtliche Herrschaftsrechte im 19., endgültig im 20. Jahrhundert.

3. Berufsmöglichkeiten und Berufswahl

Adel war kein Beruf, sondern ein Stand. Doch mussten Adelige natürlich ein standesgemäßes (d.h. rangmäßig abgestuftes) Einkommen erzielen, um entsprechend leben zu können. Vornehmlich zwei Quellen boten sich hierfür an: Herrschaftsrechte, mit Erweiterungsmöglichkeiten hin zum Unternehmertum, sowie Dienste, vornehmlich im Militär, in der Kirche und in zivilen Ämtern.

Ob König oder einfacher adeliger Grundherr – idealiter lebte man im Spätmittelalter von seinem Vermögen, insbesondere von den Abgaben und Diensten seiner Bauern. Ein Königshof wie ein Gutshof war nicht zuletzt ein Wirtschaftszentrum sowohl für Produktion als auch Konsum. Ein Fürst besaß natürlich seine Domänenverwalter oder -pächter, aber diese mussten ebenso kontrolliert werden wie die Erfüllung bäuerlicher Pflichten direkt durch einen kleinen Herrn, der ein sparsamer «Hausvater» sein wollte, und oft auch durch dessen Frau. Außerdem waren überschüssige Produkte aus Eigenwirtschaft oder bäuerlichen Naturalabgaben auf Märkten zu verkaufen. So belieferten z.B. die Katzenelnbogener Grafen den Kölner Markt mit Agrarprodukten, die Burggrafen von Drachenfels lieferten überdies Baumaterial aus ihren (verpachteten) Steinbrüchen. Hochadelige Unternehmer wie Konrad v. Weinsberg, der sich in den 1420er Jahren in großem Stil im Ochsen- und Weinhandel aktiv zeigte, waren allerdings selten. Nichtsdestotrotz: Als 1481/82 die Nachfrage nach Roggen in den Niederlanden explodierte, seien die Adeligen «alle koplude geworden [...], dar se vor der tidt nicht uppe gedacht hedden», wie ein späterer Lübecker Chronist schrieb. Die günstigen Verkehrsbedingungen und die steigende Auslandsnachfrage führten seitdem einerseits zu einer Ausweitung der auf den Roggenexport konzentrierten Gutswirtschaft östlich der Elbe. Die Inflation des 16. Jahrhunderts, die den Wert fixierter Geldabgaben schrumpfen ließ, veranlasste andererseits manche Grundherren etwa zur Anlage von Schäfereien oder Fischteichen. Landverkäufe meist kleinerer adeliger Eigentümer sowie die Nobilitierung zahlreicher grundbesitzloser Beamter und Militärs sorgten indes dafür, dass der Anteil Adeliger, die über Grund und Boden verfügten, spätestens seit dem 18. Jahrhundert ständig abnahm.

Profitmacherei galt als etwas Bürgerliches, für den Adel Unstandesgemäßes. Aber davon war die optimierte Nutzung des eigenen Bodens oder die oft lukrative Weiterverarbeitung eigener Agrarprodukte, etwa in Schnapsbrennereien, nach 1550 zunehmend ausgenommen, zumindest solange sie dem adeligen Besitzer u. a. eine gewisse Buchführung, aber keine erkennbare Mühe oder gar körperliche Arbeit abverlangte. So erwarben die Thurn und Taxis, durch ihr Postimperium zu Ehren und Reichtum gelangt, ab 1723 umfangreiche Ländereien, später auch Brauereien und Fabriken. Die Fugger (von der Lilie), ursprünglich Augsburger Weber, sicherten schon vor ihrem direkten Aufstieg in den Freiherren- und bald Grafenstand (1511/14) ihr – noch bis ca. 1650 geführtes – Verlags-, Bank- und Handelsgeschäft immer mehr durch den Erwerb von geringer, aber sicherer rentierlichen Landgütern vornehmlich in Ostschwaben, aber letztlich vom Rhein bis Ungarn; zudem betrieben sie Bergbau. Abbau und Verhüttung von Eisen, Kupfer, Silber, Glas usw. war ohnehin stets ein Feld des (vereinzelt sogar weiblichen) adeligen Unternehmertums. Schon früh engagierten sich Hochadelshäuser (Wettin, Mansfeld, Manderscheid) in den Mittelgebirgen oder im Harz, allerdings, wie die Stolberg zeigen, nie ohne Risiko. Diese investierten um 1550 in großem Umfang in eine neue Hebetechnik, um Stollen zu entwässern, und machten dabei so hohe Verluste, dass erst um 1850 wieder ein Stolberg, diesmal als einziger Hochadeliger, in die westdeutsche Montanindustrie investierte. Auch alte westfälische Familien, die sich früher in Bergbau und Eisenproduktion engagiert hatten, folgten der Wanderung dieser Industrie ins aufstrebende Ruhrgebiet nicht. Generell zeigten sich adelige Bergwerksbesitzer bis um diese Zeit offenbar wenig innovations- und risikofreudig – selbst in Schlesien, wo dann um 1900 Montanmagnaten (u. a. Pless, Henckel von Donnersmarck, Hohenlohe-Öhringen), damals weltweit die größten Zinkproduzenten, zu den reichsten Deutschen zählten. Schließlich hatten Entschädigungs- und Ablösungszahlungen ab 1806/48 vielen Adeligen die Chance geboten, neu zu investieren, sei es in Grundeigentum (wie im Königreich Hannover mit seinem sehr adelsfreundlichen Ablösungsgesetz von 1831), sei es in Industriebeteiligungen bzw. in Eisenbahnaktien – auch wenn der bürgerliche «Vater des Ruhrgebiets» Friedrich Harkort meinte, die Junker «fühlen instinktiv, dass die Lokomotive der Leichenwagen ist, auf welchem Absolutismus und Feudalismus zum Kirchhof gefahren werden». Im Allgemeinen beschränkten sich die Adeligen jedoch darauf, einen Platz im Aufsichtsrat zu besetzen. Die Vorstandsposten überließ man eher Bürgerlichen, die dann oft das Überleben der Betriebe sicherten.

Im Gegensatz zu handwerklicher oder rein kommerzieller Erwerbsarbeit gefährdete ein «ehrbarer» Dienst innerhalb einer Adelskorporation oder gegenüber einem Höherrangigen, am besten gegenüber Gott oder dem Kaiser, die Ehre eines Adeligen grundsätzlich nicht. Aus der Heeresfolge des Vasallen ergab sich in der Neuzeit ziemlich bruchlos der Dienst zwar nicht als «gemeiner» Soldat, aber als Regimentsinhaber, der als adeliger Militärunternehmer (wie noch Wallenstein) das von ihm aufgestellte und (vor-)finanzierte Heer einem fürstlichen «Kriegsherrn» gegen Entgelt zur Verfügung stellte, bzw. als Offizier in den ab ca. 1660 «stehenden» Heeren der Landesfürsten. Trotzdem musste der Adel in die (auch für die Familienplanung) nicht ungefährliche, oft erst ab dem Kompaniechef standesgemäß besoldete Offizierslaufbahn teilweise gedrängt werden. Preußen und Sachsen waren diesbezüglich sehr erfolgreich: Nach dem Siebenjährigen Krieg glänzte ihr Offizierskorps zu mindestens 90% bzw. 70% mit adeliger Herkunft. Aber selbst in Preußen dienten v.a. güterlose, nachgeborene Adelssöhne ärmerer Provinzen – die Mehrzahl aller Adeligen leistete nie Militärdienst! Österreich schuf sich dagegen ab 1757 einen «Militäradel», in den langdienende Offiziere fast automatisch aufgenommen wurden.

Nach 1807 sank der adelige Offiziersanteil in Preußen auf 53%, stieg aber danach u.a. wegen der Einführung von Kooptationsprinzipien wieder an, erreichte 1847 77%, um danach erneut abzusinken, etwa auf 65% im Jahre 1860. Entsprechendes galt nicht für alle Länder des Deutschen Bundes: In Bayern entstammten wohl schon 1799 etwas weniger Offiziere dem Adel als dem Bürgertum, und dieser Anteil ging, mit einer gewissen Stagnation im Vormärz, auf 15% im Jahre 1914 zurück. In Garderegimentern pflegte der Prozentsatz jedoch immer noch weit höher zu sein. Zudem verfügten geborene Adelige stets über einen erheblichen Laufbahnvorteil. So stellten 1806–1862 (allesamt nobilitierte) Bürgerliche maximal 2 von 14–15 preußischen Generälen; in Österreich war der Anteil noch geringer. Da jedoch vor dem und im Ersten Weltkrieg die Zahl der aktiven deutschen Offiziere rasant erhöht wurde, sank der Prozentsatz Adeliger schon bis 1914 auf rd. 30% (Generäle 60%), deren absolute Zahl aber stieg – und sie prägten das Militär. Insgesamt dienten im Ersten Weltkrieg fast 20000 adelige Offiziere, von denen über 4000 fielen und 1919 nur 868 in die Reichswehr übernommen wurden. Das bedeutete – nimmt man Frauen und Kinder hinzu – für Zehntausende Adelige eine finanzielle wie prestigemäßige Katastrophe: Viele hatten nur Offizier gelernt und vermochten keinen anderen Beruf zu finden, zumindest keinen adäquaten. Das erklärt nicht nur die politische Radikalisierung gerade ärmerer preußischer Adeliger, sondern auch, warum viele ihrer Frauen sich nun gezwungen sahen, einen bürgerlichen Beruf, z. B. als Sekretärin oder Lehrerin, zu ergreifen. Andererseits blieb der Anteil adeliger Offiziere bis 1933 mit 20,5–23,8% ziemlich konstant; 1943 waren es nur mehr 7%. In der Bundeswehr war und ist er sicherlich noch geringer, aber es fällt doch auf, dass sich Adelsnamen immer wieder bis auf der Ebene der Generalität und der Verteidigungsminister finden.

Hohe geistliche Würden erlangten Adelige schon im Mittelalter. Erstrebenswert waren natürlich diejenigen eines Bischofs – im Reich gemeinhin gleichzeitig geistlicher Fürst –, eines Domherrn oder auch einer Reichsäbtissin, die einzige Position, in der eine Frau im Reich die Reichsstandschaft besitzen konnte. Unter anderem weil viele Klöster und Stifte von Adeligen gestiftet worden waren und diese, z. B. über die Kirchenvogtei, Einfluss ausübten, war es relativ leicht, einen Sohn oder eine Tochter mit einer Stiftspfründe zu versehen, sofern das Bestehen der Ahnenprobe keine Probleme bereitete und man vor allem innerhalb des regionalen Stiftsadels gut vernetzt war. So stellte etwa der katholische Teil der fränkischen und rheinischen Reichsritterschaft die Masse der Domherren im Rhein-Main-Gebiet und damit, da von diesen gewählt, auch der Bischöfe bzw. Erzbischöfe (nur Straßburg und Köln verfügten über hochadelige Kapitel). In ähnlicher Weise dominierte der westfälische Stiftsadel die nordwestdeutschen Hochstifte. Mitglied eines Dom-, Ritter- oder Damenstifts zu sein, bedeutete nicht immer, einen geistlichen Beruf auszuüben: Waren etwa Damenstifte im Mittelalter noch genuin geistliche Institutionen, kann man sie für das 17./18. Jahrhundert als primäre Erziehungs- und Versorgungseinrichtungen bezeichnen, in denen sich die adeligen Damen u.a. mit Konversation, Spiel, Näharbeiten etc. die Zeit vertrieben, aber auch z.B. grundherrschaftliche Rechte wahrnahmen. Derartige Stifte existierten auch in protestantischen Reichsterritorien.

Für die Wahl einer geistlichen Karriere brachte die Säkularisation von 1803 für den katholischen Stiftsadel jedoch insofern einen tiefen Einschnitt, als ihm für seine Söhne nicht nur rd. 720 Domherrenpräbenden, sondern auch weltliche Ämter in den zahlreichen Hochstiften verloren gingen. Stammte 1803 von 85 Bischöfen im Reich (ohne Böhmen) nur der von Joseph II. ernannte Linzer Oberhirte nicht aus dem Adel, waren danach bis 1870 in den deutschsprachigen Ländern von 157 Bischöfen nur noch 46 (29%) adeliger Herkunft, 28 (18%) waren oder wurden nobilitiert, 83 (53%) blieben bürgerlich. Dass sich nicht wenige, besonders höhere Adelige nach 1830 in der katholischen Laienbewegung engagierten, vermochte die Abwendung vom Kirchendienst als Beruf nur wenig zu verdecken. Doch etwa das Kraichgauer Adelige Damenstift besteht bis heute und nimmt laut Statut «nur unverheiratete evangelische weibliche Angehörige altadeliger Familien auf» – lediglich auf den Nachweis acht adeliger Ahnen verzichtet man seit 1993!

Hinsichtlich der Hofdienste bedeutete die Mediatisierung insofern eine Zäsur, als von ursprünglich (maximal) 300–350 Höfen aller Größenordnungen 1815 gerade einmal 35 erhalten blieben (die dann spätestens 1918 ebenfalls verschwanden). Mittelalterliche Hofämter wie die eines Marschalls, Hofmeisters, Hofkämmerers oder Erblandfalkenmeisters hatten bis dahin sehr unterschiedliche Entwicklungen genommen, viele neue Ämter wie das eines Zeremonienmeisters waren im Laufe der Jahrhunderte hinzugekommen. Jedenfalls bot der Hof vielen Adeligen (nicht zuletzt auch Frauen als Hofdamen), sofern sie dort als «hoffähig» galten, eine mitunter einflussreiche Beschäftigung oder auch nur eine Sinekure, verbunden mit Einkünften, aber kaum mit Amtspflichten. Mehr noch: Die Nähe zum Herrscher eröffnete stets die Chance zum sozialen Aufstieg – erst recht natürlich am Kaiserhof. Ab 1555/1612 begann der österreichische – und, quasi als Juniorpartner, der böhmische – Herrenstand den Kern der Wiener Hofgesellschaft zu bilden, zu der freilich auch viele Adelige vor allem aus Schwaben und dem Rheinland (wie Stadion, Metternich) stießen. Noch im 19. Jahrhundert blieben diese weniger als 500 stiftsmäßigen Familien (Auersperg, Lobkowitz, Schwarzenberg etc.) streng getrennt von der sog. Zweiten Gesellschaft, zu der etwa auch nobilitierte Minister gehörten.

Hof- und Staatsämter trennten sich überhaupt nur langsam, besonders in Kleinterritorien, von denen es ja selbst im 19. Jahrhundert noch manche gab. Aber in größeren Fürstentümern kristallisierte sich doch mit der Zeit eine Art «Staatsdienst» heraus – von der Ebene der Zentralbehörden (Hofrat, Hofkammer, Geistlicher Rat etc.) bis hinunter zu Landräten oder Amtmännern. Der Landesadel, der sich ohnehin als geborener «Rat» des Landesherrn ansah, bemühte sich, möglichst viele, besonders hohe derartige Positionen zu besetzen – in Konkurrenz zu bürgerlichen Beamten, speziell Juristen und Finanzspezialisten, aber auch zu «ausländischen» Adeligen. Der Erfolg fiel sehr unterschiedlich aus: Während sich bis um 1600 in Württemberg, Hessen oder der Kurpfalz meist bürgerliche Amtsträger durchsetzten, verschwanden Bürgerliche unter Johann Georg I. von Sachsen vorübergehend wieder völlig aus dem Geheimen Rat. Ähnliches galt in Preußen noch unter Friedrich I. und Friedrich II. Freilich war hier Adel nie gleich Adel. Abgesehen von

Hochadeligen, die sich natürlich nur für Spitzenämter zur Verfügung stellen wollten, schälten sich im 15./16. Jahrhundert auch aus dem Niederadel immer mehr Führungsgruppen heraus: der Stiftsadel, die sächsischen Schriftsässigen (die persönlich landtagsberechtigten Obergerichtsherren – oft kurfürstliche Kreditgeber) oder der bayerische Turnieradel, der viele Posten in Landtagsausschüssen besetzte. Innerhalb dieser Gruppen war es oft wiederum eine Handvoll Familien, welche die wichtigsten Ämter weitgehend für sich monopolisierten.

Noch zwischen 1806 und der Reichsgründung fanden sich unter den (ganz überwiegend protestantischen) Spitzenkräften der preußischen Verwaltung – Ministern, Departementchefs und Oberpräsidenten – in der Regel deutlich unter 50% nichtadelig Geborene, und es gab 1870/71 prozentual weniger bürgerliche Oberpräsidenten als 1818! Dabei erfolgte hier der Elitenaustausch schneller als in Österreich: Stammten selbst unter dem angeblich adelsfeindlichen Joseph II. fast alle hohen Beamten bis zu den Leitern der Kreisämter aus dem Adel, waren noch 1859 78% der Spitzenkräfte der Administration adeliger Geburt. Dagegen war nach 1806 in den adelsarmen, politisch modernisierten süddeutschen Mittelstaaten der Adelsanteil an der Staatsverwaltung gering, und Bürgerliche hatten sogar Chancen auf eine Spitzenposition, freilich auch hier je nach Ressort: Betrug der Anteil adelig geborener Minister im Außenministerium zwischen 1815 und 1870 in Baden, Württemberg und Bayern um die 80%, lag er im Justizministerium zwischen 33 und 40%. Ebenso blieb der staatliche Finanz- (nicht unbedingt der private Bank-)Sektor für adelige Berufseinsteiger lange weniger attraktiv als etwa die – durch die Reichsgründung freilich personell reduzierte – Diplomatie: Bis 1914 waren fast 70% der Diplomaten des Deutschen Reichs (ziemlich durchgehend geborene) Adelige, darunter sämtliche Botschafter! Bei Letzteren sank der Anteil um 1920 auf 21%.

Waren adelige Beamte Vertreter der Adelsklasse, die den Staat für sich instrumentalisieren wollte, wie es marxistische Historiker sahen, oder zunehmend Mitglieder einer vom Gemeinwohlideal geleiteten überständischen Bürokratie, wie viele «bürgerliche» Historiker lange meinten? Beides ist wohl zu einfach gedacht: Schließlich konkurrierten Adelige untereinander, und von Fürsten wurden gerne als Mitstreiter fremde Adelige herangezogen, die nicht in die Netzwerke des einheimischen Adels eingebunden waren, wenn es etwa darum ging, dessen Privilegien zu beschneiden. Die leitenden Minister der großen Reformzeit nach 1800 stammten jedenfalls fast allesamt aus dem Adel – sie wollten ihn freilich modernisieren! Umgekehrt wird man die Solidarität zwischen Adeligen aber auch nicht unterschätzen dürfen – bis heute existieren adelige Netzwerke, um dem Nachwuchs den Berufseinstieg zu erleichtern.

Die Berufswahl eines Adeligen hing natürlich, je weiter die Professionalisierung der Bürokratie voranschritt, wesentlich von dessen Ausbildung ab – und über die entschied eher der Familienrat als die Neigung des Betreffenden. Berufswechsel waren aber nicht unbedingt ausgeschlossen. Offiziersdienst war vor allem etwas für Jüngere: Noch als Hauptmann oder allenfalls Major, d. h., bevor man in Positionen einrückte, von denen man standesgemäß leben konnte, schieden viele aus dem Militärdienst aus, zumindest jene, die keine Beförderungschancen sahen und z. B. das väterliche Gut oder einen Anteil davon übernehmen konnten. Selbst katholische Geistliche erreichten oft ihre Rückversetzung in den Laienstand, wenn es etwa nach dem Tod des älteren Bruders auf sie zukam, das Erbe der Familie zu übernehmen und deren Fortbestand zu sichern. Amtsinhabe bedeutete aber lange ohnehin selten Vollzeitbeschäftigung: Ein Christoph von Loß war um 1600 beispielsweise erfolgreich wirtschaftender Rittergutsbesitzer, Geheimer Rat und Hofmarschall in Dresden und zudem als Reichspfennigmeister einer der beiden Hauptzuständigen für die Erhebung des «Gemeinen Pfennigs», einer Reichssteuer.

Neue Berufsfelder eröffneten sich erst langsam. Banken in Adelshand gingen oft auf einen nobilitierten Bankier zurück. In Bayern durfte man noch im 19. Jahrhundert kein Geschäft mit «offenem Kram und Laden» betreiben, wollte man nicht seinen Adelstitel riskieren. Immerhin wurden dann Ausnahmen für akademisch gebildete Apotheker gemacht. Adelige Frauen betätigten sich im Bereich von Wohltätigkeit und Gesundheitspflege, etwa im Rahmen von sozialen Vereinen – aber nicht im Sinne von Erwerbsberufen. Die Öffnung des Studiums für Frauen um 1900 bot hier erstmals Berufschancen. Dass sich die Berufswahl des Adels im 20. Jahrhundert insgesamt diversifizierte, ist sicher. Das lag auch am Zwang der sich verändernden ökonomischen Verhältnisse.

4. Vermögens- und Einkommensverhältnisse

Selbst regierende Dynasten waren im Mittelalter für ihre Hofhaltung noch wesentlich auf das angewiesen, was ihre Untertanen ihnen an Naturalien lieferten. Denn mehr als ihre Regalien (Berg-, Zoll-, Münz-, Geleitrecht) und die sich erst langsam entwickelnden, von Ständen genehmigten Steuern trugen ihnen die Einnahmen aus den landesherrlichen Gütern ein. Infolge von steigenden Militärkosten und wachsendem Luxus-Konkurrenzdruck wuchs im Spätmittelalter die hoch- und niederadelige Verschuldung. Güterverkäufe und Verpfändungen waren an der Tagesordnung – sicher nicht immer, aber doch nicht selten Vorboten eines Bankrotts. Auch wenn sich der «Domänenstaat» in Einzelfällen wie Hessen-Kassel als langlebig erwies, machte er doch vor allem im 16. Jahrhundert dem «Finanzstaat» Platz: Adelige und bürgerliche Kreditgeber und vor allem die Landstände (durch Bewilligung und Verwaltung meist direkter Steuern) sorgten für dessen Finanzierung, forderten dafür aber Gegenleistungen, wie die Garantie bzw. Neuverleihung von Privilegien oder gar Mitsprache bei den fürstlichen Ausgaben. Im sog. Absolutismus lösten sich Fürsten weitgehend aus diesen Bindungen, indem sie diese Mitspracherechte zurückdrängten oder ignorierten, eigene Finanzverwaltungen ausbauten und mit deren Hilfe neue, v. a. indirekte Steuern erhoben. So lag in Preußen 1765/66 der Anteil der Domänen- an den Staatseinnahmen bei nur mehr 30,7 %, derjenige der direkten Steuern bei 31,8 %, der Anteil der (überwiegend auf Lebensmittel erhobenen) Akzise aber bei 37,5 %. Nach 1800 setzte sich der «Steuerstaat» endgültig durch – aber nun unterschied man allgemein mehr oder minder streng zwischen Staatsetat und fürstlichem Privatvermögen, eine Trennung, die es bis dahin besonders an kleinen Höfen noch nicht gegeben hatte.

Auch wenn man von den großen Dynasten absieht, bestanden innerhalb des Adels natürlich stets riesige Einkommens- und Vermögensunterschiede. Adam Franz Fürst zu Schwarzenberg, in Wien Obersthofmarschall, besaß nicht nur alten fränkischen Familienbesitz, eine im Bergischen Land gelegene, 1631 für reichsunmittelbar erklärte kleine Herrschaft, sondern auch schwäbische, österreichische und vor allem riesige böhmische Güter, womit er unter Karl VI. (der ihn bei der Jagd versehentlich erschoss) wohl der reichste Adelige der Habsburgermonarchie und zudem einer ihrer größten Gläubiger war. Spätere Schwarzenberg agierten als Mitbegründer einer Bank (1787) bzw. sogar als Besitzer afrikanischer Farmen (ab 1929). Dagegen verlor ein – ebenfalls altadeliger – Herr v. Mörner (1770–1846) sein Rittergut an seine Gläubiger und lebte danach großenteils von der Unterstützung durch seine Brüder, nach deren Tod durch die Krone und seine Standesgenossen. Letztere Solidarität reichte freilich nicht so weit, dass seine drei Töchter auf dem adeligen Heiratsmarkt eine Chance gehabt hätten; eine heiratete einen Schneider. Frauen scheinen überhaupt unter der in Ostelbien im 19./20. Jahrhundert verbreiteten Adelsarmut mehr gelitten zu haben als Männer: «Adelsfamilien [...] konzentrierten ihre Ressourcen auf die Söhne [...]. Der soziale Absturz der Töchter und/oder deren Ehelosigkeit wurden notfalls in Kauf genommen» (E. Frie). Der Fall Mörner war für Preußen jedenfalls kein Einzelfall. Dort lebten 1790 rd. 20000 Adelsfamilien – aber es gab damals nur ca. 7500 Rittergüter, und manche Familie hatte mehrere davon. Die Masse der preußischen Adelsfamilien verfügte also über keinen nennenswerten Grundbesitz, sei es, weil sie ihn verloren, sei es, weil sie (etwa als Nobilitierte) niemals welchen besessen hatten. Im Übrigen war natürlich «Rittergut» nie gleich «Rittergut». In Niederösterreich besaß das bedeutendste Dominium 1750 einen kapitalisierten Schätzwert von gut 630000 Gulden (fl.). Dieser betrug bei drei Vierteln der dortigen Adelsherrschaften jedoch weniger als 100 000 fl., in der Neumark bei fast zwei Dritteln keine 20 000 Taler (ca. 30 000 fl.). Das bedeutete bei einem Jahresertrag von 3 %, höchstens 5 %, ein Einkommen von wenigen hundert Gulden, wogegen mittelrheinische Stiftsadelige selten unter 10 000 fl. einnahmen. (Zum Vergleich für diese und folgende Zahlenangaben: Um 1500 verdiente ein wohlhabender sächsischer Bauer 15 fl., ein Augsburger Maurer grob 25 fl. pro Jahr, die Firma Fugger ca. 60 000 fl.; ein stattlicher Bauernhof dürfte ca. 200 fl. wert gewesen sein. Im Münchner Bauhandwerk erhielt ein Meister 1637/1747 pro Jahr etwa 100 fl., 1810/17 dann 200–300 fl., zur selben Zeit ein Kanzleibote bei einer bayerischen Mittelbehörde 350–400 fl., ein Kanzlist 500–600 fl., ein Sekretär 800–1000 fl., ein Kreisrat 1600–2000 fl. und ein Generalkommissar, der höchste Beamte eines heutigen Regierungsbezirks, 7000 fl.)

Vermögen entsteht, wenn die Nettoeinnahmen die Ausgaben übersteigen. Bei Fürsten waren Letztere, zumindest bei besonderen Anlässen, schon im Mittelalter beträchtlich. Etwa für die Innsbrucker Fürstenhochzeit von 1315 benötigte die Hofküche: «69 Rinder, 252 Schafe, 58 Schweine, 357 Schweineschultern, 242 Lämmer und Kitze, 12 Gänse, 185 Hühner, 8960 Eier, 2995 Käse, 35 Schüsseln Fett, große Mengen an Getreide und Mehl, ferner 56 560 Brote und mehr als 19 Fuder Wein» (W. Rösener). Eine dauerhafte Hofhaltung an nur einem Ort war damals schon deshalb nicht denkbar, weil die dortigen Ressourcen nie ausreichten, um die gehobenen Ansprüche eines hohen Herrn und seines mehr oder minder zahlreichen Gefolges über Jahre hinweg zu erfüllen. Erst mit dem Zuwachs an Urbanität, Logistik, Geldverkehr und Steuereinnahmen entstanden seit dem 15. Jahrhundert langsam feste Residenzen.

Auch wenn Staatsverwaltung und v. a. das Militär seitdem die Verhältnisse verschoben, beliefen sich die Hofausgaben noch im 18. Jahrhundert auf etwa ein Viertel bis ein Drittel der Landesetats, bei größeren Territorien meist weniger (am Kaiserhof des sparsamen Joseph II. auf nur 2 %), bei kleineren – bei denen freilich eine Trennung zwischen Hof- und «Staats-»Ausgaben kaum möglich ist – mitunter deutlich mehr. Der Kasseler Hofetat betrug 1586 ca. 45 000 fl., der des Kaisers zur selben Zeit das Doppelte. Im Barockzeitalter explodierten die Ansätze: Der Etat des Wiener Hofs stieg von ca. 1,2 Mio. (1672) über 2,8 Mio. (1705) auf 4–5 Mio. fl. (1740) – auch 1835 waren es rd. 5 Mio. fl. Der bayerische Hofetat umfasste 1508 ca. 3800 fl., 1600 angeblich nur ca. 7000 fl., 1701 ca. 750 000 fl., 1750 (bei nunmehr knapp 1500 Personen) ca. 760 000 fl. – das waren «nur» 35 % der Gesamtausgaben des Landes, während es 1701 noch 55 % gewesen waren!

Derartiger Hofluxus wurde seit dem 18. Jahrhundert von bürgerlicher Seite immer wieder heftig kritisiert, wie überhaupt dem Adel Müßiggang, Unproduktivität und Verschwendung vorgeworfen wurden. Doch muss man bedenken, dass nach Pierre Bourdieu ökonomisches (Vermögens-)Kapital, politisches Kapital (z. B. ein Amt) sowie auf Bildung und Wissen basierendes kulturelles und auf sozialen Netzwerken beruhendes soziales Kapital gerade im Barock dem Erwerb symbolischen Kapitals – Ehre und Prestige – dienten. Strebte man – wie um 1700 teils ohne (Max Emanuel von Bayern), teils mit Erfolg (August der Starke, Friedrich III. von Preußen, Georg Ludwig von Hannover) – nach einer Königskrone, musste man «königlichen» Aufwand betreiben. Entsprechendes galt, besonders innerhalb der Konkurrenzgesellschaft des Hofes, für jeden Adeligen. Erreichte man die angestrebte Würde, bekam man neue Kredite und die Chance, Investitionen wie alte Schulden auf Dauer abzutragen. Allein die Nebeneinkünfte mochten dazu dienlich sein: Ein Exkanzler Max Emanuels wurde bei seinem Begräbnis dafür gerühmt, dass er nur die Hälfte aller «Geschenke» angenommen habe, die ihm angeboten worden seien – ein Zeichen, wie sehr der Begriff «Korruption» sich seither gewandelt hat, aber auch dafür, dass man die offiziellen, oft moderaten Amtsgehälter nicht für alle Epochen mit den tatsächlichen Amtseinnahmen identifizieren darf. Doch sich für eine Karriere im Hof- oder Staatsdienst zu verschulden, war ein riskantes Spiel: Nicht wenige Niederadelige übernahmen sich dabei. Selbst Hochadelige konnten sich im Prestigewettbewerb ruinieren: Etwa Graf Friedrich Anton von Waldeck und Pyrmont baute diverse Schlösser, darunter ein besonders prunkvolles in Arolsen, und erlangte 1712 den begehrten Fürstentitel. Aber der Bau konnte erst 100 Jahre später vollendet werden, und in der Zwischenzeit geriet das Fürstentum in massive finanzielle Abhängigkeit von Hessen-Kassel. Bankrott, vor allem von Niederadeligen, war kein so seltenes Phänomen.

Das Dilemma bestand darin, dass zur Führung eines standesgemäßen Lebens ein entsprechendes – natürlich rangmäßig, parallel zum ebenfalls differenziert notwendigen Aufwand abgestuftes – Vermögen und Einkommen gehörten und der Profitmaximierung u. a. durch die (moralische) Verpflichtung zu Freigebigkeit und Mildtätigkeit Grenzen gesetzt waren. Es galt also, wie ein «guter Hausvater» zu kalkulieren, das Familienvermögen auf diversen Wegen, nur eben selten primär durch Geschäfte, zu mehren und statusorientierten Konsum, gegebenenfalls demonstrative Verschwendung auf das notwendige, zeitgemäße Maß zu beschränken. Einkünfte aus Grundeigentum waren sicherer als Einkommen aus Ämtern, die man z. B. bei einem Thronwechsel leicht verlieren konnte; aber auch sie waren langfristigen Konjunkturen und, ernteabhängig, beträchtlichen Schwankungen unterworfen. Gerichtsrechte galten als prestigeträchtig, aber nur im nichtstreitigen Bereich als lukrativ.

Die Säkularisation von 1803 bedeutete vor allem für Familien des Stiftsadels eine finanzielle Zäsur; sich am Säkularisationsgut zu bereichern, gelang nur wenigen, ohnehin reichen Geschlechtern. 1848 verloren viele Feudalrentenbezieher einen Teil ihrer Einnahmen – in Österreich ein Drittel. Jedoch vermochten gerade Standesherren, bei denen die Entschädigungen aus der Grundablösung mehrere Millionen fl. betragen konnten, ihren Land- und Forstbesitz zu entschulden bzw. sogar zu erweitern, langfristig lukrative agrarische Nebenbetriebe auf- oder auszubauen und etwa durch Eisenbahnaktien gewaltige Spekulationsgewinne zu erwirtschaften. Viele kleinere Grund- und vor allem Gutsherren schafften den Sprung zum «Agrarkapitalisten» indes nicht, vielmehr gerieten sie infolge des u. a. importbedingten Verfalls der Getreidepreise nach 1871 in eine Krise. Nur große, regelmäßig fideikommissarisch gebundene

Güter und v.a. Forste ließen sich noch profitabel bewirtschaften. Dennoch: Trotz fortdauernder regionaler ökonomischer und kultureller Dominanz fielen reine Großagrarier in der Liste preußischer Millionäre immer weiter zurück!

Der Umbruch von 1918 traf den Adel nicht nur ideell hart – denn er beraubte ihn seiner geistigen Bezugszentren, nämlich der deutschen Höfe –, sondern auch materiell, denn damit entfielen sämtliche Einnahmen aus Hofwürden, und auch höhere politische und militärische Ämter, über die bis dahin Monarchen verfügt hatten, wurden nun durch Wahlen oder Entscheidungen republikanischer Politiker vergeben. Immerhin behandelten diese die ehemaligen Landes- und Standesherren aus politischen Rücksichten auf noch vorhandene monarchistische Sympathien sehr kulant, wie man etwa am Wittelsbacher Ausgleichsfonds von 1923 erkennen kann. Im Westen vermochten Familien wie die Häuser Wittelsbach, Württemberg, Hannover oder Thurn und Taxis – Fürst Albert II. gilt als jüngster Dollarmilliardär der Gegenwart – ihr Eigentum selbst nach 1945 zu bewahren. Im Osten wurde Adelsbesitz jedoch regelmäßig verstaatlicht und auch nach 1990 nur zum kleineren Teil wiedererlangt. Immerhin wird man sagen können, dass es einem nennenswerten Prozentsatz vor allem des höheren Adels gelang, im 19. und selbst noch im 20. Jahrhundert «oben zu bleiben», also den eigenen Status durch eine entsprechende ökonomische wie kulturelle Anpassung zu wahren. Das war auch ein Erfolg familiärer Strategien.

III. Statussicherung und Distinktion

1. Adelige Familien

Die Vorstellungen, was unter einer Familie zu verstehen sei, haben sich im Laufe der Jahrhunderte beträchtlich gewandelt. Mit Familie wurden im Mittelalter und in der Frühen Neuzeit keinesfalls nur Kernfamilien, bestehend aus Kindern und Eltern, bezeichnet, die eventuell zusammen mit den Großeltern unter einem Dach wohnten. Diese Beobachtung trifft allerdings auf alle gesellschaftlichen Gruppen zu, nicht nur auf den Adel. Schlägt man im «Zedler» nach, so zeigen sich vieldeutige Familienvorstellungen. Zedler zufolge war unter «Familia» «das Geschlechte, oder Stamm, die Kinder» zu verstehen. Der Begriff umfasste damit «1) alle die Bluts-Freunde [...], 2) Weib, Kinder, Hausgesinde, Knecht und Mägde, und in dem Verstand heißt pater familias der Haus-Vater, 3) die Erbschaft» und schließlich «4) die Leibeigene und erbliche Knechte». Das Lexikon bevorzugte offensichtlich die zweite Definition und folgte hierin der zeittypischen Hausväterliteratur, die sich – ein kleines adeliges Landgut vor Augen – mit der vernünftigen Gestaltung von Hauswirtschaft und Familienleben befasste. Die in den Ratgebern genannten Angehörigen einer Familie waren einer Wirtschaftsgemeinschaft zugehörig, die Otto Brunner als das «ganze Haus» charakterisierte. Das Bestreben der Familienmitglieder hatte dem Erhalt der familiären Güter zu gelten. Sie unterlagen einer Hausordnung, welche die innerfamiliäre Hierarchie, die Befugnisse einzelner Familienangehöriger und deren Ansprüche genauestens regelte. Folgerichtig führte der «Zedler» weiter aus, eine Familie bestehe aus drei Dingen, nämlich «Personen, Sachen und einer Ordnung».

Dem adeligen Hausvater oblag die Vertretung der Familie in allen öffentlichen und herrschaftlichen Belangen. Er kümmerte sich um die Wirtschaftsrechnung und überwachte die verwaltenden und agrarischen Arbeiten, die von den männlichen Mitgliedern des Haushalts auszuführen waren. Er besaß gegenüber den Familienangehörigen Richtlinienkompetenz in allen Erziehungs- und Platzierungsfragen und hatte sich insbesondere um die Berufskarrieren von Brüdern und Söhnen zu kümmern. Demgegenüber gehörte zu den Aufgaben der adeligen Hausmutter die Überwachung der häuslichen und der den Frauen zugewiesenen landwirtschaftlichen Arbeiten. Sie führte die Aufsicht über das weibliche Gesinde und die Aufzucht bzw. Erziehung der jüngeren Kinder. Dazu traten kommunikative, repräsentative und soziale Pflichten, etwa die Pflege eines intensiven Briefwechsels mit allen Verwandten und Freunden. Wichtig war auch die Fürsorge für die Armen im eigenen Einflussbereich. Zweifellos waren das hier beschriebene Familiensystem und die damit verbundene Lebensweise für einen Großteil des ländlichen Adels charakteristisch. Doch der Horizont adeliger Familien ging nicht selten über die Bewirtschaftung eines einzigen ländlichen Gutes weit hinaus.

Wer zur Familie gezählt wurde, wie die innerfamiliäre Hierarchie beschaffen war und wie eng man die Beziehungen zu einzelnen Verwandten ausgestaltete, hing letztlich vom Adelsrang des jeweiligen Geschlechts, von der Größe der eigenen Besitzungen und Herrschaftsgebiete, den mit diesen verbundenen Privilegien und Pflichten sowie der Stellung an den Höfen des Alten Reiches ab. Dies lässt sich am Beispiel katholischer Reichsritter veranschaulichen. Neben der Verwaltung und dem Ausbau der familieneigenen reichsunmittelbaren Gebiete suchten sie für einzelne Familienmitglieder vor allem möglichst viele reichskirchliche Ämter zu erwerben. War die männliche Erbfolge gesichert, dann standen im Zentrum ihrer Familienpolitik die ledigen männlichen Nachkommen des erweiterten Familienverbandes. Vor allem deren Karrieren galt es zu befördern. Verliefen sie erfolgreich, konnte sich das Adelsgeschlecht Zugewinn an Gütern, Ansehen oder gar die Erhöhung im Adelsrang erhoffen. Die Onkel in Kirchenkarrieren zählten zu den «Blutsfreunden» vor allem die verheirateten männlichen Namensträger des Adelsgeschlechts sowie deren Heiratspartner und Kinder. Aber selbst die Nachkommen von Schwestern und Nichten, die in andere Adelsfamilien eingeheiratet hatten, und die angeheiratete Verwandtschaft wurden nicht ausgeschlossen, wenn es um die Förderung der vielbeschworenen «famille» ging. Die vom «Zedler» an erster Stelle angebotene Definition von Familia als alle «Bluts-Freunde» umfassenden Verband traf das Familienverständnis breiter Adelskreise und des katholischen Reichsadels im Besonderen offenbar weit mehr als der am Hausvater orientierte Familienbegriff. Auch das geltende Lehnrecht trug einer solchen Familienvorstellung Rechnung. So galt als explizit formuliertes oder doch implizit geltendes Recht, dass beim Fehlen von männlichen Erben einer adeligen Kernfamilie die männliche namensgleiche Verwandtschaft die Mannlehen übernehmen konnte. Auch Erhöhungen im Adelsrang wurden oft für alle Angehörigen des Geschlechts, nicht für einzelne Hausväter oder Kernfamilien ausgesprochen. Allerdings konnte in solch komplexen adeligen Familienverbänden der familiären Richtlinienkompetenz des Familienvorstands einer Kernfamilie Konkurrenz durch unverheiratete Brüder entstehen, die in ihrer gesellschaftlichen Stellung ihre Herkunftsfamilie hinter sich gelassen hatten. Ein der Reichsritterschaft entstammender, zum Herrscher über ein Bistum aufgestiegener Fürstbischof förderte selbstverständlich seine Verwandten. Vorschreiben ließ er sich von seinen verheirateten Brüdern jedoch nicht, welchen der Neffen er mit Pfründen und Ämtern versorgte. Generell gilt wohl insgesamt auch für den Adel eine Beobachtung, die sich für nichtadelige Familienverbände des Mittelalters und der Frühen Neuzeit belegen lässt: Den größten familiären Einfluss konnten diejenigen Familienangehörigen ausüben, die über die meisten materiellen Ressourcen und entsprechendes kulturelles Kapital verfügten.

Was wissen wir über familienplanerische Überlegungen im Adel des späten Mittelalters und der Frühen Neuzeit? Im Bestreben adeliger Familienverbände musste es liegen, unter allen Umständen das Fortbestehen des Geschlechts durch die Geburt männlicher Namensträger zu garantieren. Fehlten männliche Nachkommen, dann drohte der Verlust der Lehen. Andererseits war eine große Kinderschar mit hohen Kosten verbunden, wenn ihre standesgemäße Ausbildung und Lebensführung gewährleistet werden sollten. Gab es die idealtypische Kinderzahl im Adel? Sicherlich nicht. Die Kenntnisse über Schwangerschaftsverhütung waren gering. Wollte man die Kinderzahl beschränken, dann bot sich als einzige sichere Methode Enthaltsamkeit an. Bei wenig glücklichen Ehen mag diese Strategie üblich gewesen sein. Andererseits machte die zeittypische hohe Kindersterblichkeit auch vor Herrenhäusern und Schlössern nicht halt. Das kontinuierliche Aussterben von Adelsgeschlechtern über die Jahrhunderte hinweg verdeutlicht, dass familienplanerische Strategien nicht immer aufgingen. Es war daher erfolgversprechender, nicht nur auf einen männlichen Erbfolger zu setzen, sondern mindestens zwei erwachsene Söhne vorweisen zu können. Endgültig abgesichert war das Geschlecht eigentlich erst, wenn zwei Familienzweige für männliche Stammhalter sorgten. Fiel die eine Familienbranche durch Kinderlosigkeit oder Kindersterblichkeit aus, dann durften die Vettern die freien Lehen übernehmen. Überlebten viele Kinder die schwierigen frühen Jahre, standen indes andere Sorgen an. Ob und wie viele Töchter man standesgemäß verheiraten konnte, hing von den materiellen Ressourcen des Geschlechts und der Familienordnung ab. Viele heiratende Söhne bedrohten das Familienvermögen, denn nicht jeder Adelstypus verfügte über die Möglichkeit, Söhne, die nicht das Familiengut übernahmen, in standesgemäßen beruflichen Laufbahnen so zu versorgen, dass sie ihrerseits neue Familien gründen konnten. Solche Probleme hatte die katholische stiftsfähige Reichsritterschaft kaum. In dieser Adelsgruppierung gab es keinen Grund, die Zahl der Nachkommen zu beschränken. Mit der Geburt vieler Söhne war die Hoffnung verbunden, über die Stammhalter hinaus möglichst viele unverheiratete Nachkommen zur Verfügung zu haben, die im Interesse der Familie mit reichskirchlichen Pfründen versehen werden konnten. Viele erwachsene Töchter versprachen die Chance, das eigene Netzwerk über Heiraten verwandtschaftlich abzusichern. Familienordnungen hielten die Kosten solcher Heiraten in Grenzen. Für die Töchter katholischer Adelsfamilien, die keine Ehe eingingen, bot sich neben dem Leben bei den Verwandten der Eintritt in ein Kloster an. Die Stammbäume vieler katholischer Adelsgeschlechter belegen, dass dies keine unübliche Entscheidung war. Dem katholischen Adel, der nicht stiftsfähig war oder seine Stiftsfähigkeit über «unpassende» Heiraten verloren hatte, waren indes viele der einträglichen Ämterlaufbahnen in der Reichskirche verschlossen. Die Handlungsspielräume des protestantischen Adels scheinen ohnehin enger gewesen zu sein. Dies betraf zum einen die Söhne, die im Generationenwechsel nicht zur Fortsetzung des Geschlechts vorgesehen waren. Aufstiegskanäle, wie sie die katholische Reichskirche bot, waren im protestantischen Milieu seltener. Viele der dem Adel offenstehenden Berufswege am Hof, im Militär oder diplomatischen Dienst konnten einen standesgemäßen Unterhalt für eine eigene Familie nicht garantieren. Ledige Brüder, die dem jeweiligen Vorstand des Geschlechts lebenslang Kosten verursachten, waren daher keine Seltenheit. Für die unverheirateten Töchter blieb neben dem Leben bei der Herkunftsfamilie oder höfischen Diensten eigentlich nur der Eintritt in ein Damenstift, eine Art standesgemäßes Wohnheim.

Die komplexen familienplanerischen Systeme des Adels verweisen jenseits konfessioneller, regionaler oder Statusgruppen bedingter Unterschiede auf die strenge Hierarchie, die in ihnen herrschte. Die Familienvorstände und vornehmsten Verwandten entschieden, wer ausersehen war, die Familie in der nächsten Generation fortzusetzen, oder spezifische Laufbahnen einzuschlagen hatte. Im Verlauf des 17. und 18. Jahrhunderts gingen zumindest hochadelige Familien mehr und mehr dazu über, mit Hilfe von Familienverträgen die Hausordnungen rechtlich abzusichern. Fideikommissverträge sollten das Hausvermögen vor den Ansprüchen einzelner Familienmitglieder schützen. Diese Hausverträge regelten genau, wie viele Familienzweige das Gesamthaus zuließ. Präzise wurde festgelegt, wie die Nachkommen finanziell zu unterstützen waren und welche Ehen als standesgemäß angesehen wurden. Ob rechtlich abgesichert oder nur der Tradition gemäß, grundsätzlich galt für hohen und niederen Adel gleichermaßen: Renitenz des Nachwuchses wurde nicht geduldet. Die Kinder dürften sich im Regelfall den Entscheidungen des Familienrats mehr oder weniger widerspruchslos gefügt haben; widrigenfalls drohten der Verlust der familiären Unterstützung und die Enterbung.

In den Umbruchszeiten der Französischen Revolution scheinen die strengen adeligen Familiensysteme jedoch zumindest vorübergehend in Unordnung geraten zu sein. Nicht selten gingen linksrheinische Güter verloren. Mit der Säkularisation verschwanden die reichskirchlichen Pfründen und Aufstiegskanäle. Konsequent zog der Adel seine männlichen Hoffnungsträger aus den kirchlichen Ämterlaufbahnen zurück. Ausbildungen und Studien wurden abgebrochen und Militärdienste aufgenommen, die zuvor in der familiären Planung nicht vorgesehen gewesen waren. Der Untergang des Alten Reiches führte zum Verlust einer ganzen Reihe von diplomatischen Ämtern, die vormals dem Reichsadel Dienste und materielle Unterstützung gesichert hatten. Das napoleonische Frankreich lieferte überdies anschauliche Beispiele, dass althergebrachte adelige Prestigeskalen nach Adelsrang, Alter des Geschlechts, Stiftsfähigkeit oder Vornehmheit der Verwandtschaft nun zur Disposition standen. Wenn eine Familie, wie Zedler erläutert hatte, aus «Personen, Sachen und einer Ordnung» bestand, dann musste der Verlust der «Sachen» folgerichtig auch zur Auflösung der «Ordnung» führen. Für einige Jahrzehnte litt sichtlich die Autorität der adeligen Familienvorstände. Manche Söhne und Töchter nutzten die erweiterten Spielräume für mehr Eigenständigkeit in Berufswahl, Heiratsverhalten und Lebensweise. Doch am Ende der Umbruchszeit, also etwa ab 1830, scheinen sich die tradierten adeligen Familienordnungen wieder konsolidiert zu haben. Letztlich war und blieb das adelige Haus darauf angewiesen, dass alle Familienmitglieder das Interesse der Gesamtfamilie im Auge behielten, wenn der «Kampf ums Obenbleiben» im langen 19. Jahrhundert erfolgreich bestanden werden sollte. Die Einführung des BGB 1900 sowie der endgültige Fall ständischer Schranken und Privilegien 1919 entzogen den adeligen Familienordnungen die rechtliche Grundlage. Wenn trotzdem viele Adelshäuser die ihnen eigenen Ordnungssysteme auch im 20. Jahrhundert wahren konnten, dann verweist dies auf die starke Prägung der Familienmitglieder durch adelstypische Traditionen und kulturelle Muster, einen eigenen Lebens- und Erziehungsstil. Sie alle trugen dazu bei, adelige Identität und Lebensweise auch in der bürgerlichen Welt aufrechterhalten zu können.

2. Adelige Erziehung und Ausbildung

Humanisten und frühe Pädagogen waren sich darin einig, «daß von den leuten selten ein ander leben, thun und wandel zu hoffen sey, als wozu sie von kindesbeinen an erzogen und gewehnet worden», so der sächsische Staatsmann und Gelehrte Veit Ludwig von Seckendorff im Jahre 1655. Insbesondere, wenn es um die Erziehung zukünftiger Landesherren ging, war besondere Sorgfalt vonnöten. «Wo das Fürstentum erblich ist», so bereits Erasmus von Rotterdam in seiner «Institutio Principis Christiani» (1516), «da hängt die Hoffnung auf einen guten Herrscher vor allem von der richtigen Erziehung ab [...]. Es muß also sogleich von der Wiege an, wie man so sagt, das noch leere und ungeformte Gemüt des künftigen Herrschers mit heilsamen Grundsätzen erfüllt werden. [...] Nichts nämlich dringt so tief ein und haftet so fest, als was in diesen ersten Lebensjahren gepflanzt wird.» Auch Franz Philipp Florinus, der im frühen 18. Jahrhundert hausväterliche Ratgeber für die christliche Familie und den Adelsstand im Besonderen veröffentlichte, kam zum Ergebnis: «Es haben viele nicht unweißlich geurtheilet, daß gleichwie unter allen lebendigen Geschöpffen der Mensch am schwehrsten zu erziehen. [...] Also mache unter allen Menschen die Auferziehung eines jungen Printzens oder einer StandesPerson die allergrößte Sorge und Schwierigkeit.»

Diese Anschauung teilten gleichermaßen hoher und niedriger Adel, und entsprechend viel Aufwand wurde für die Erziehung des hoffnungsvollen Nachwuchses betrieben. Die Alphabetisierung des Adels lässt sich schon im 15. Jahrhundert beobachten. Seit der Reformation nahmen in beiden Konfessionen die Bildungsbemühungen zu. Neben den Grundkenntnissen in Lesen,

Schreiben und bedingt im Rechnen beinhaltete die standesgemäße «Education» eines männlichen Adeligen im 16. Jahrhundert Kenntnisse in Latein. Erst mit der Aufklärung verschwand dessen Bedeutung. Seit dem 17./18. Jahrhundert gehörten zu einer adeligen Bildung selbstverständlich das gewandte Beherrschen der französischen Sprache sowie Grundkenntnisse in Geografie, Geschichte und der Führung einer Ökonomie. Der am Hof glänzende Adelsspross sollte in der europäischen Literatur und in der Geschichte der europäischen Dynastien belesen sein und über breites staatsrechtliches Wissen verfügen. Ergänzend waren standesgemäße Tugenden, Kenntnisse im höfischen Zeremoniell und ritterlicher «Conduite» zu beweisen. Auch das alltägliche Betragen eines Adeligen war einzuüben. Der korrekte Umgang mit den Dienstboten oder den abhängigen Bauern musste trainiert werden. Selbst die standesgemäßen Freizeitbeschäftigungen – Reiten, Jagen, Fechten und Musizieren – erforderten Übung. In Folge der Reformation und des Dreißigjährigen Krieges gewann auch die religiöse Erziehung an wachsender Bedeutung, denn die Verankerung konfessioneller Grundanschauungen sollte dazu beitragen, einem möglicherweise drohenden Glaubenswechsel vorzubeugen.

Schon im späten 15. Jahrhundert begann sich insbesondere der süddeutsche Adel vor allem für das juristische Studium an europäischen Universitäten zu interessieren. Der norddeutsche Adel zog im Verlaufe des 16. Jahrhunderts allmählich nach. Die vorgesehene berufliche Laufbahn der Adelssöhne entschied darüber, ob zum allgemeinen adeligen Bildungskanon weitere Lehrstoffe zu treten hatten. War eine militärische Laufbahn geplant, musste für ein entsprechendes Training gesorgt werden. Seit dem 17. Jahrhundert entstanden hierfür Kadettenschulen, die auf militärische Karrieren vorbereiteten. Der Pagendienst am Hof bot sich als Ausbildungsstufe für die Söhne an, wenn das Adelsgeschlecht höfische Karrieren anstrebte. Hatte der Familienrat einen Sohn für eine Laufbahn in der Reichskirche bestimmt, dann erforderte der Bildungsgang die Absolvierung eines Jesuitengymnasiums – der europäischen katholischen Eliteschule der Frühen Neuzeit – und ein zweijähriges Studium an einer außerdeutschen Universität. Wohl als Konkurrenz zum katholischen Jesuitengymnasium entstanden seit dem 17. Jahrhundert vor allem in protestantischen Territorien Ritterakademien, die den Bildungsbedürfnissen des Adels Rechnung tragen sollten. Insbesondere in Preußen sah es der Monarch seit König Friedrich Wilhelm I. ohnehin nicht gerne, wenn der heimische Adel in Sachen Erziehung zu europäisch ausgerichtet war. Jenseits solcher landesherrlicher, auch konfessioneller Erwägungen bildete eine vielmonatige europäische «Bildungsreise» den Abschluss eines gelungenen adeligen Erziehungsganges. Auf dieser konnte sich der ehrgeizige Nachwuchs an den europäischen Höfen präsentieren, eigene Eindrücke von der höfischen Welt gewinnen, nützliche Kontakte knüpfen, aber auch viele praktische Erfahrungen sammeln.

Der vorgestellte Bildungsweg stellt das Ideal einer frühneuzeitlichen adeligen Jungenerziehung dar. Wie sehr sich die Praxis vom Erwünschten unterschied, hing vom Potential des Auszubildenden, vor allem aber vom Vermögen der Familie und ihrem Ehrgeiz ab, den eigenen Nachwuchs möglichst gewinn- und prestigeträchtig in der europäischen Adelswelt zu platzieren. Nicht jeder Adelige konnte sich teure Pensionats- und Auslandsstudienaufenthalte leisten. Üblich war jedoch in jedem Fall, gut ausgebildete oder gar studierte Haushofmeister anzustellen, die in den Familienhaushalten nach heutigem Verständnis bereits im Vorschulalter die standesgemäße Erziehung und Schulung der Adelskinder übernahmen.

Wie diszipliniert ein heranwachsender Sohn sein Lernprogramm zu absolvieren hatte, belegt eine Studienordnung des Adelsgeschlechts Schönborn aus dem Jahr 1699: Um 5 Uhr hatte der Junge aufzustehen, den Stoff des Vortages zu wiederholen und sich auf den neuen Unterricht des Haushofmeisters zwischen 9:00 Uhr und 10:30 Uhr vorzubereiten. Nach dem anschließenden Besuch der Messe war französische Konversation bis zum Mittagessen eingeplant. Den frühen Nachmittag durfte er sich mit der Laute oder Gitarre die Zeit vertreiben, bis der Französischlehrer eintraf. Ab 15 Uhr hatte sich der Zögling mit juristischen Studien zu beschäftigen, der Rest des Tages stand für standesgemäße Freizeitbeschäftigung zur Verfügung. Der lange Arm der Eltern sorgte üblicherweise auch bei den außerhäuslichen Studienaufenthalten und den Bildungsreisen, welche die Söhne gemeinsam mit den Erziehern absolvierten, für die entsprechende Kontrolle des kindlichen Wohlverhaltens und Leistungsstrebens. Schulische Abschlüsse im modernen Sinn, universitäre Prüfungen, etwa Doktorgarde, waren in der Frühen Neuzeit in Adelskreisen dennoch nicht üblich.

Der adelige Ausbildungsgang hatte nicht zu einer exakt bestimmten Berufslaufbahn zu qualifizieren, sondern den umfassend gebildeten Kavalier zu formen. Aus der Sicht des Adels verkörperte dieser schlechthin den adeligen «Berufstätigen». Aus bürgerlicher Perspektive produzierte die adelige Ausbildung nicht überprüfbares Halbwissen. Deshalb geriet die tradierte Adelsbildung seit dem 19. Jahrhundert zunehmend in die Kritik. In dem Maße, in dem die Landesfürsten mehr und mehr auf ein professionelles, standardisiert ausgebildetes, landeseigenes Berufsbeamtentum und Militär setzten, sahen sich auch Söhne adeliger Familien gezwungen, den modernen Anforderungen zu genügen. Sie begannen Abiturprüfungen abzulegen und tunlichst an landeseigenen Hochschulen erworbene Studienabschlüsse vorzulegen, wenn sie entsprechende Laufbahnen in den Landesbehörden, im diplomatischen Dienst oder Militär einschlagen wollten. Die Forschung hat diese Übernahme bürgerlicher Bildungs- und Leistungskonzepte als Verbürgerlichung des deutschen Adels im 19. Jahrhundert gedeutet. Ob die tradierte Adelserziehung tatsächlich weniger leistungsbezogen als der bürgerliche Bildungskanon gewesen ist, sei dahingestellt. In jedem Fall aber führte die allmähliche Anpassung an bürgerliche Bildungswege zu einer Nationalisierung adeliger Erziehung, die in der Frühen Neuzeit so nicht üblich gewesen war. Dem Bestreben des Wilhelminischen Kaiserhauses, für das endlich geeinte Reich eine patriotisch gesinnte adelig-bürgerliche Elite zu kreieren, kam der Wandel in den adeligen Erziehungsgängen sicherlich entgegen.

Wie gestaltete sich die adelige Mädchenbildung im späten Mittelalter und der Frühen Neuzeit? Lese- und Schreibkompetenzen scheinen schon im Mittelalter bei Adelsdamen stärker verbreitet gewesen zu sein als bei männlichen Adeligen. Mehr noch als in der adeligen Jungenerziehung sind in der Mädchenbildung seit der Reformation konfessionelle Unterschiede zu beobachten. Im Zuge gegenreformatorischer Bestrebungen übernahm der katholische Reichsadel eine Vorreiterrolle. Zwar besaß grundsätzlich die Bildung eines Fräuleins einen geringeren Stellenwert als die der männlichen Hoffnungsträger – schließlich mussten die jungen Damen weniger noch als ihre Brüder Berufskenntnisse im engeren Sinn erwerben. Doch den eigenen Stand adäquat zu repräsentieren, erforderte durchaus eine gediegene Ausbildung, und das Ausmaß der Bildung hing von den «beruflichen» Plänen ab, die das Elternhaus schmiedete. Wie Florinus in seinem «Adeligen Hausvater» konstatierte, kam es auf die zukünftige Bestimmung des Mädchens an, «ob eine Dame oder Fräulein bey dem Weltlichen Stande bleiben soll, oder ob sie dem geistlichen Leben gewidmet ist? Ob sie nur auf die ordinäre Art soll erzogen werden, oder ob sie wie jetzund Mode worden, zugleich die Studiis treiben soll?» In jedem Fall waren ein gefestigtes konfessionelles Weltbild, die Bereitschaft zur Unterordnung unter die Familieninteressen, auch ein weitreichender weltlicher und höfischer Bildungsstandard notwendig, wenn die junge Adelige ihrer zukünftigen Rolle als Repräsentantin ihrer Familie und ihres Standes genügen sollte. Adelige Damen, die als weibliche Haushaltsvorstände kleinerer oder gar größerer Landgüter und Herrschaftsgebiete fungieren sollten, mussten zudem in der Lage sein, den Familienhaushalten vorzustehen, wenn Amtsgeschäfte ihren Ehemann für längere Zeit außer Haus hielten. Erfüllte die Familie Aufgaben an den Höfen des Alten Reiches, dann war auch die «Hoffähigkeit» der Töchter sicherzustellen.

Die Grundausbildung erhielten protestantische und katholische adelige Töchter üblicherweise zusammen mit ihren Brüdern innerhäuslich durch Haushofmeister; für ältere Töchter engagierte man mitunter eigene Haushofmeisterinnen. Auch die Freizeitgestaltung lief bei den jüngeren Kindern wohl nicht getrennt. Die weitere Ausbildung übertrug man im katholischen

Milieu gerne dem Orden der Ursulinen, dem exklusiven Ausbildungsinstitut des 17. und 18. Jahrhunderts für katholische höhere Töchter. Über Mailand und Bordeaux kommend, hatten sich 1614 die ersten Ursulinen im Reich, in Lüttich, niedergelassen. 1639 erfolgte die Gründung einer Ursulinenschule in Köln. Böhmischer Adel stiftete 1655 eine Niederlassung in Prag, Kaiserin Maria Eleonore holte sie 1660 nach Wien. Von hier aus breitete sich die Ursulinenbewegung mit Unterstützung des Kaiserhauses noch vor Ende des 17. Jahrhunderts in den habsburgischen Gebieten aus. An dieser ersten Gründungswelle lassen sich die typischen Kennzeichen der frühen ursulinischen Schulbewegung im Reich beobachten. Meist von adeligen katholischen Bischöfen unterstützt, sorgten weibliche Angehörige des katholischen Reichsadels für die finanzielle Absicherung neuer Ursulinen-Niederlassungen. Neben den öffentlichen Schulen, die kostenlos allen Mädchen offenstanden, unterhielten die Ursulinen stets Pensionate für die Töchter ihrer eigentlichen Förderinnen, für Töchter des gehobenen Bürger- und Adelsstandes, und deren Ausbildung galt als ihre eigentliche Domäne. Meist mit zehn bis zwölf Jahren, im gleichen Alter, in dem man die Söhne Jesuitengymnasien anvertraute, wurden die Mädchen, wenn möglich paarweise, für zwei bis drei Jahre dem angesehenen Institut übergeben. In den Pensionaten stand neben dem Füllen von Lücken in den Grundkenntnissen in jedem Fall Französisch, mitunter auch Latein und Geografie auf dem Lehrplan. Gelegenheit zu Tanz-, Instrumental- und Gesangsunterricht wurde vor Ort außerhalb des Pensionats geschaffen, so dass sich der höfische Erziehungskanon zur Grundbildung gesellen konnte. Wichtiger noch als der weltliche bzw. höfische Unterricht wurde jedoch die religiöse Erziehung im erweiterten Sinn genommen. Anders als in den Jesuitengymnasien, in denen Freiplätze für intelligente Jungen aus dem einfachen Volk für standesübergreifende Leistungskonkurrenz sorgten, blieben die höheren adeligen Töchter des katholischen Reichsadels im Ursulinenpensionat im Wesentlichen unter sich. Hier wurden Freundschaften geknüpft, die über die Pensionatszeit lange hinausreichen konnten. Manche zukünftige Heiratsallianz nahm bei den Ursulinen mit dem Kennenlernen späterer Schwägerinnen ihren Anfang. Mit dem Ende des Pensionataufenthalts fand die katholische adelige Mädchenbildung üblicherweise ihren Abschluss. In den folgenden Jahren begleiteten die Mädchen ihre Mütter in all ihren Tätigkeiten und übten so das Leben einer Frau von Adel ein.

Ähnliche Einrichtungen wie die Ursulinen gab es auf protestantischer Seite lange nicht. Zwar gerieten auch die Ursulinenschulen im Laufe des 18. Jahrhunderts als zu weltabgewandt in die aufgeklärte Kritik, Besseres für Mädchen hatten die aufgeklärten Pädagogen jedoch auch nicht zu bieten. Anders als das katholische Milieu, das für Frauen neben dem Aufgabenbereich der Ehefrau auch die Rolle der ledigen «berufstätigen» Nonne bereitstellte, beschränkte sich das tradierte protestantische wie das frühbürgerliche Frauenbild auf das Leitbild der verheirateten Hausmutter. Kenntnisse, die der zukünftigen ursulinischen Lehrerin, oder die religiöse Gelehrsamkeit, die der zukünftigen Äbtissin gut anstanden oder diese in ihrer Herrschaftsfunktion unterstützten, waren daher nicht zu vermitteln. Damit blieb es im protestantischen Milieu den adeligen Eltern überlassen, wie viel Sorgfalt sie auf die Erziehung ihrer Töchter im Elternhaus verwendeten. Wie der Lehrplan der Prinzessinnen beispielsweise an den Höfen von Baden-Durlach und Hessen-Darmstadt im 18. Jahrhundert belegt, unterhielten die Mädchen ab dem 5. Lebensjahr Unterricht durch Privatlehrer im Rechnen und Schreiben, in Religion, Französisch, Geschichte, Geografie und deutscher Literatur. Auch Lehrstunden in Malerei, Musik, Handarbeit und Tanz waren vorgesehen. Dass überdies höfisches Zeremoniell und höfische Rituale im Alltag konsequent trainiert wurden, war selbstverständlich. Doch insgesamt wurde selbst beim hohen protestantischen Adel der Bildung der Töchter weitaus weniger Aufmerksamkeit geschenkt als dem schulischen Werdegang der Söhne.

Anders als bei der männlichen Bildung, die sich im 19. Jahrhundert unter dem Einfluss des Bürgertums professionalisierte, entwickelte sich zeitgleich zur adeligen Mädchenbildung keine bürgerliche Konkurrenz. Es scheint eher so, dass die tradierte weibliche Adelsbildung der bürgerlichen Mädchenbildung als Vorbild diente. Bürgerfamilien, die auf sich hielten, ließen über das gesamte 19. Jahrhundert hinweg ihre Töchter von Privatlehrern zu Hause unterrichten. Für Adel und Bürgertum gleichermaßen blieben weibliche Halbbildung und musischer Sinn das Leitprogramm der Erziehung einer gesitteten Tochter. Erst die bürgerliche Frauenbewegung des letzten Drittels des 19. Jahrhunderts erkämpfte für das weibliche Geschlecht den Zugang zum Abitur und Studium. Von diesen Möglichkeiten profitierten im frühen 20. Jahrhundert beide Statusgruppen. Doch anders als die Bürgerin, die sich allmählich auch den Eintritt in qualifizierte Berufe erkämpfte, blieb für die typische Adelige vornehme Berufslosigkeit noch lange das Leitbild.

3. Heiratsstrategien

Ehen werden «in dem Himmel gemacht», heißt es in einem Heiratsantrag, den Graf Philip Stadion, der Vater des zukünftigen Bräutigams, 1720 an den Vater der ins Auge gefassten Adelsdame schrieb. Aus dieser Formulierung auf die zentrale Bedeutung «himmlischer» Gefühle oder göttlichen Beistands in Sachen nicht nur adeliger Partnerwahl schließen zu wollen, wäre indes voreilig. Mit der häufig beschworenen ehelichen Liebe wurde zwar im Mittelalter und in der Frühen Neuzeit die emotionale Basis einer Lebensgemeinschaft beschrieben, in der die göttliche Liebe in eine weltliche Liebe transformiert werden sollte. Doch das solchermaßen charakterisierte Lebensmodell beruhte auf einer handfesten rechtlichen und wirtschaftlichen Basis. Der Naturrechtler Christian Wolff interpretierte 1721 die Ehe recht pragmatisch als Form eines Gesellschaftsvertrags, den «Mann und Weib mit einander aufrichten, um Kinder zu erzeugen und zu erziehen». Für die Kirchen stellte die Ehe überdies den einzigen Ort legitimer Sexualität dar. Ehen galten bis zur Reformation prinzipiell als unauflöslich. Der Weg, eheliche Gemeinschaften etwa wegen Unfruchtbarkeit eines Partners oder nicht vollzogener Ehe aufheben zu lassen, war lang und beschwerlich. Als im weltlichen und kirchlichen Recht abgesicherter Ort des Zusammenlebens eines Paares, des gemeinsamen Haushaltens sowie der Zeugung und Erziehung erbberechtigter Kinder gewann die Ehe seit dem späten Mittelalter zunehmend an Bedeutung. Es zählte nach Meinung der Erziehungs- und Hausväterliteratur zu den zentralen christlichen Pflichten treu sorgender Eltern, ihre Kinder entsprechend ihres Standes und Vermögens auszustatten und zu verheiraten. Bei Eheschließungen, so lässt sich folgern, handelte es sich keinesfalls um den privaten Entschluss eines Mannes und einer Frau, ihre Zuneigung in eine dauerhafte Lebensform einbringen zu wollen. Insbesondere beim Adel war eine ganze Reihe von Überlegungen zu berücksichtigen, die nicht nur das Paar, sondern das ganze Adelsgeschlecht und die Zukunft der nachfolgenden Generationen betrafen.

Heiratsallianzen dienten, so ist häufig in adeligen Eheverträgen zu lesen, der «Bekräftigung» beständiger «Freundschaft» zweier Familien. Sie stellten ein Vertragswerk dar, das neue Verwandtschaften und Klientelsysteme besiegelte. Und es mussten gute Gründe vorliegen, warum zwei Adelsgeschlechter die postulierte Freundschaft übergenerationell verwandtschaftlich absichern wollten. Heiratsprojekte wurden meist von den gesellschaftlich höchststehenden Verwandten geplant, diskutiert und bei zufriedenstellender Übereinkunft in die Praxis umgesetzt. Was gab es nicht alles zu regeln! Der Wohnsitz des Paares, der Unterhalt und die Ausstattung des Bräutigams sowie seine Geschenke an die zukünftige Gattin wurden vereinbart. Zu klären war das Heiratsgut der Braut, schließlich die Morgengabe nach vollzogener Ehe, das sogenannte Nadel- oder Spielgeld, das ihr für eigene Zwecke zur Verfügung stand, sowie die Ausstattung der Frau im Falle der Witwenschaft. Erbfragen mussten geregelt und gegebenenfalls der Erbverzicht der Frau auf das Vermögen ihrer Herkunftsfamilie bekräftigt werden. Brachte die Braut eigenes Vermögen ein, so wurde in den Eheverträgen auch die Form ihres Verfügungsrechts über ihr Eigentum festgelegt. Nicht selten arrangierten Familienverbände eine Ehe für zwei junge Menschen, die sich zuvor gar nicht oder nur selten gesehen hatten. Dies schloss Zuneigung zwischen den zukünftigen Ehepartnern nicht unbedingt aus, doch in vielen Fällen ließ sich die Fremdheit zwischen ihnen lebenslang nicht überwinden.

Nach welchen Gesichtspunkten gingen adelige Familienverbände bei der Partnersuche für ihre heiratsfähigen Söhne und Töchter vor? Konfessionsgleichheit war die Regel. Großes Gewicht besaß die Frage der Ebenbürtigkeit der zukünftigen Ehepartner. Für die Adelswelt der Vor- bzw. Frühmoderne bedeutete die standesgemäße Heirat die Eheschließung zwischen Standesgleichen. Eine Ehe unter Stand brachte für eine adelige Frau den Verlust ihres (höheren) Adelsrangs mit sich. Den männlichen Lehnsträgern drohte im Falle einer unstandesgemäßen Ehe die Gefahr, den daraus hervorgehenden Kindern die Erbfolge nicht sichern zu können. Der einschlägigen zeitgenössischen wissenschaftlichen und juristischen Literatur zufolge wurde unter unstandesgemäßer Ehe oder Missheirat in erster Linie die Eheallianz zwischen einem Hochadeligen und einer Frau aus dem Bürger- oder Bauernstande verstanden. Solche Verbindungen von regierenden Fürsten und ihre Auswirkungen auf die Erbfolge gaben Anlass zu vielen gelehrten Streitigkeiten und juristischen Auseinandersetzungen. Strittig war auch, ob es sich bei einer ehelichen Verbindung zwischen einer Fürstenfamilie und dem niederen Adel um eine Missheirat handelte. Die Praxis zeigt, dass regierende fürstliche Häuser üblicherweise Ehepartner aus der gleichen Adelsgruppierung bevorzugten. Alte reichsgräfliche Geschlechter blieben unter sich, doch gerade in den Regionen, in denen die unmittelbare Reichsritterschaft beheimatet war, waren Eheprojekte zwischen alten reichsgräflichen und reichsritterschaftlichen bzw. jüngst in den Reichsgrafenstand aufgestiegenen Ritterfamilien nicht selten. «Für catholische Häuser», so der Staatsrechtler Johann Stephan Pütter (1725–1807), «ist ohnehin einer der wichtigsten Umstände, worauf sie beym Heyrathen nur zu sehen haben, dass nicht etwa die Heirath einer unstiftsmäßigen Person der Nachkommenschaft den großen Vortheil entziehe, in Stiftern ihre Versorgung erwarten zu können. [...] Häufig kann sich vielmehr der Fall ereignen, dass die adeliche Dame doch einen Bischof oder gefürsteten Prälaten zum Bruder, Onkel oder andern nahen Verwandten hat, mit dem der Herr Graf sichs zur Ehre rechnen kann, in Verwandtschaft zu kommen, und der auf manche Art dem gräflichen Hause wieder nicht geringe Vortheile zuzuwenden im Stande ist.» Die Beobachtungen Pütters machen deutlich, dass neben der Ebenbürtigkeit eine Reihe strategischer Überlegungen die Partnerwahl beeinflussten. Positiv in die Waagschale fielen beispielsweise ein zu erwartendes großes Vermögen, wichtige Verwandtschaft oder persönliche Nähe zu einem regierenden Haus, aber auch Ländereien in einer Region, in der man selbst Fuß fassen wollte. Solche Vorteile mögen Makel wie unstandesgemäße Personen im erweiterten Familienverband, ein geringes Alter des Adelsgeschlechts oder eine ungesicherte Einkommenslage wettgemacht haben. Ob formal im Adelsrang etwa gleiche Bewerber tatsächlich als gleichrangig galten oder ob ein aufstiegswilliges Haus sich mit einem abstiegsgefährdeten verband, war im konkreten Einzelfall auszuhandeln. Entscheidend für die Partnerwahl war neben dem eigenen Adelsrang letztlich die landes- oder reichspolitische Orientierung der betroffenen Adelsfamilien. Je höher das eigene Prestige in der Adelswelt zu veranschlagen war, desto größer war auch der familiäre Spielraum in der Frage angestrebter Eheallianzen. Nachgeborene Adelssöhne, die keine aufsehenerregende eigene Karriere vorweisen konnten und nur begrenzt Zugriff auf die Familiengüter hatten, taten sich schwer auf dem Heiratsmarkt. Die Chancen auf eine günstige Heirat stiegen und fielen für eine Adelstochter mit dem Status ihrer Herkunftsfamilie. Hatte sie keine vornehme Verwandtschaft zu bieten, dann konnte höchstens ein ansehnliches eigenes Vermögen ihre Heiratsfähigkeit begünstigen. Doch welche adelige Dame war schon so glücklich, nennenswerten eigenen Besitz vorweisen zu können?

Bestand für Heiratskandidaten die Möglichkeit, eigene Wünsche in Sachen Partnerwahl durchzusetzen? Vermutlich war bei den meisten anstehenden Heiratsprojekten ihr individueller Spielraum sehr begrenzt. Versuche, aus den Normen auszubrechen, gestatteten sich zumeist nur regierende Fürsten. Dass sie sich öffentlich bekannte und am Hof eingeführte Mätressen leisteten, war keinesfalls unüblich. Aufsehenerregender waren sogenannte morganatische (standesungleiche) oder gar bigamistische Ehen. Das Heiratsverhalten ausgewählter ernestinischer Fürsten in der Frühen Neuzeit liefert Anschauungsmaterial für die Handlungsspielräume des Fürstenstandes, aber auch für deren Grenzen: Herzog Bernhard von Sachsen-Jena, seit 1662 standesgemäß, aber nicht sehr glücklich verheiratet, leistete sich 1673 eine bigamistische Ehe mit einem Hoffräulein. Die öffentliche Kritik war jedoch so stark, dass er sie vom Hof entfernen musste. Sein Tod 1678 ließ die geächtete Adelsdame und ihr «bigamistisches» Kind unversorgt zurück. 1683 wurde Bernhards aus der ersten, legitimen Ehe stammende 14-jährige Tochter, Charlotte Marie, mit ihrem Cousin Herzog Wilhelm Ernst von Sachsen-Weimar verehelicht. Doch die anscheinend nie vollzogene Ehe endete 1690 mit einer Scheidung. Herzog Anton Ulrich aus dem Hause Sachsen-Meiningen ging schließlich 1713 eine Ehe mit einer Bürgerlichen ein. Zwar gelang ihm mit Hilfe Kaiser Karls VI. die Standeserhöhung seiner Ehefrau. Aber die Verwandtschaft wollte die Kinder dieser Ehe nicht als erbberechtigt akzeptieren. Unter dem nachfolgenden Kaiser Karl VII. erging nach langen Streitigkeiten 1744 ein Beschluss des Reichshofrates, wonach die strittige Standeserhöhung die Kinder dieser Ehe nicht zur herzoglich-sächsischen Würde und Sukzessionsfähigkeit ermächtigte.

In den Umbruchszeiten um 1800 scheinen manche der traditionellen Heiratsregeln ins Wanken geraten zu sein. Für regierende Häuser blieb zwar alles beim Alten. Viele Angehörige des sonstigen Adels jedoch, Standesherren und niederer Adel, konnten und mussten sich nun in territorialer und beruflicher Hinsicht neu orientieren. Veränderte Platzierungsstrategien führten auch zum Wandel im Heiratsverhalten. Der vormals stiftsfähige katholische Adel Süddeutschlands begann im Verlaufe des 19. Jahrhunderts zunehmend, seine Partner im Adel der österreichischen Monarchie zu suchen. Enge wirtschaftliche Spielräume zwangen zahlreiche nachgeborene Söhne und schlecht ausgestattete Töchter, auf eine Heirat zu verzichten. Anschaulich berichtet die Sozialdemokratin Lily Braun, geborene von Kretschmann, in ihren Memoiren von den Schwierigkeiten «armer» Adeliger auf dem Heiratsmarkt. Die preußische Offizierstochter aus niederem Adel wuchs in bescheidenen finanziellen Verhältnissen auf. Eine sich in den 1880er Jahren anbahnende Liebe zu einem nachgeborenen Angehörigen des hohen Adels scheiterte an Unterhaltsfragen. Dessen Versuch, eine materielle Basis für die Ehe zu schaffen, verursachte bei seiner Mutter «ein bißchen Tränen», doch sie bemühte sich, das «nötige Kleingeld zusammenzuscharren», zumal ihre eigene Kasse «schwindsüchtig» war. «Ich schäme mich, Dir so was schreiben zu müssen», berichtete er seiner Angebeteten, «und doch musst Du wissen, warum ich immer noch nicht in Helm und Schärpe antrete. Meine Zulage reicht kaum für mich, der ich das Unglück habe, ein Prinz zu sein, und diese Würde täglich mit barer Münze bezahlen muß. Aber trotz alledem muß es werden, und ich träume schon jetzt jede Nacht von dem weichen Nest, das ich für mein Prinzeßchen – viel, viel mehr Prinzeßchen, als alle Ebenbürtigen zusammengenommen! – erobern werde!» Doch die Familien der Liebenden verweigerten die Unterstützung solch «dummer Streiche».

Es dürfte vor allem auf die finanzielle Bedrängnis vieler Adeliger im 19. Jahrhundert zurückzuführen gewesen sein, wenn sich zumindest im niederen Adel trotz aller Widerstände Heiraten mit vermögenden Bürgertöchtern zu mehren begannen. Auch manche Adelstochter verzichtete zugunsten einer Ehe mit einem gutsituierten Bürgerlichen auf ihre Standeszugehörigkeit. So hatte beispielsweise noch Alfred Krupp, der in der Gunst des Kaiserhauses stehende Stahlfabrikant und Großunternehmer, die ihm angebotene Nobilitierung mit bürgerlichem Selbstbewusstsein abgelehnt. Sein Sohn Friedrich Alfred ging 1882 eine Ehe mit der preußischen Beamtentochter Margarethe von Ende ein. Seine Enkelin und Firmenerbin Bertha heiratete 1906 den preußischen Diplomaten Gustav von Bohlen und Halbach, ihre Schwester Barbara 1907 den Juristen, Rittergutsbesitzer und Unternehmer Karl Adolf Thilo Freiherr von Wilmowsky.

Sicherlich führten auch die Umbrüche des 20. Jahrhunderts, der Erste und Zweite Weltkrieg, die Einführung der Demokratie

1919 und der demokratische Neuanfang nach der Diktatur 1945 zu Veränderungen im adeligen Heiratsverhalten. Dass sich im «Genealogischen Handbuch des Adels» trotzdem auch heute noch viele rein adelige Stammbäume finden lassen, verweist indes auf die nachhaltige Wirksamkeit adeliger Traditionen.

4. Lebensräume und Lebensstile

«Von Adel sein», das meinte über die Jahrhunderte hinweg nicht nur rechtliche und politische Privilegien, besondere Erziehungs- und Berufswahlmuster oder Heiratsstrategien. Der Terminus bezeichnete darüber hinaus einen Lebensstil bzw. einen Habitus, der den Adeligen als solchen erkennbar machte. Es waren spezifische kulturelle Muster und Ausdrucksformen, Medien der Selbstdarstellung und Inszenierung des eigenen Standes, die den «Anderen» verdeutlichten, mit wem man es zu tun hatte. Vor allem die kulturellen Ausdrucksformen dieses Standes trugen dazu bei, zeittypische Bilder vom Adel entstehen zu lassen.

Wer sich heute mit Adel im späten Mittelalter beschäftigt, wird rasch auf das Bild des Ritters stoßen. Was den Ritter im Selbstverständnis und in der Fremdwahrnehmung gegenüber dem älteren *miles*, also dem Soldaten der antiken Tradition, auszeichnete, war sein Ethos, das sich im Hochmittelalter von Westeuropa aus ins Reich verbreitet hatte: als christlicher Kämpfer (im Heiligen Land, gegen heidnische Slawen oder Türken), treu gegenüber seinem Lehensherrn, zwar meist nicht alphabetisiert, aber höfisch gebildet bis hin zur Dichtkunst, daher höflich besonders zu Damen, tapfer, dabei respektvoll-fair gegenüber dem (gleichrangigen) Gegner, ein Beschützer und Wohltäter der Schwachen. Sinnfälligen Ausdruck fand ritterliches Betragen im Turnier. Hier spielten auch die adeligen Damen eine wichtige Rolle. Nicht nur, dass sie als standesgemäß gekleidete Bewunderinnen der ritterlichen Kämpfe(r) auftreten sollten – die Höchstrangigen unter ihnen durften sogar entscheiden, wer überhaupt am Turnier teilnehmen konnte, freilich beraten durch Herolde als Wappenspezialisten.

Klischeehaft für den Adel der Frühen Neuzeit steht dagegen der Adel bei Hof. Vor der Kulisse prächtig und kunstsinnig ausgestalteter Schlösser, gewärmt vom Sonnenglanz, der den Fürsten umgab, sollte der Adel dazu beitragen, die Macht des Herrschers anlässlich prunkvoller Empfänge, Jagdgesellschaften und kultureller Events sinnfällig in Szene zu setzen. An den kleineren Höfen oder gar auf dem adeligen Landsitz suchte man im Rahmen seiner finanziellen Möglichkeiten (und nicht selten über diese hinaus) das Vorbild der großen Höfe zumindest im bescheidenen Maße zu kopieren.

Für den Hof als gesellschaftliche Bühne entwickelten sich symbolische Formen, mit denen Rangunterschiede bildhaft zum Ausdruck gebracht werden konnten. Das höfische Zeremoniell stellte ein kompliziertes Regelwerk dar, nach dem der öffentliche Auftritt vorrangig eines Fürsten, aber letztlich jedes Adeligen zu gestalten war. Es handelte und handelt sich mitunter auch heute noch um ein Ordnungssystem, «nach dem die Träger souveräner Macht bey allerhand menschlichen Begebenheiten, an ihren Höfen und bey solennen Zusammenkünfften als auch ihre unter verschiedenen Characteren abgeschickte Ministri sich an frembden Höfen und überhaupt an allen Orten, wo sie zusammen kommen, zu achten haben, um sich dadurch bey Unterthanen und Frembden in gutem Ansehen zu erhalten, auch keinem weder zu viel noch zu wenig zu thun», so der Zeremonialwissenschaftler Christian Luenig 1719. Im weitesten Sinn beschäftigte sich das Zeremoniell mit allen Fragen des standesgemäßen öffentlichen Auftretens, mit Höflichkeitsregeln, Kleidung und angemessenem Verhalten. Wer hat sich vor wem wie tief zu verbeugen? Wie grüßt ein Adeliger einen Bauern? Wie viele Stufen soll der ranghöhere Adelige seinem rangniedereren Besuch auf der Treppe zur Begrüßung entgegenkommen? Darf ein Reichsgraf sechs Pferde vor seine Kutsche spannen oder doch nur vier? Im Zeremoniell fanden die komplexen Systeme des höfischen Theaters sichtbaren Ausdruck. Es diente den Akteuren als Spielanweisung. Wer mitspielte, akzeptierte die ihm zugewiesene Position. Die Untertanen hatten sich mit Zuschauerplätzen an den Eingangstoren der Schlösser und Schlossgärten zu begnügen. Zwar geriet das Zeremoniell im Zuge der Aufklärung zunehmend in die bürgerliche Kritik. Doch zumindest an den Höfen blieben Zeremonialregeln auch noch im 19. Jahrhundert bedeutsam. In einer sich verbürgerlichenden Gesellschaft ging es für den Adel schließlich mehr und mehr darum, scheinbar unauffällige Zeichen zu entwickeln, mit denen dennoch kenntlich gemacht werden konnte, aus welchem Stall man kam.

Festliche «Solemnitäten», von denen die europäischen Gazetten oder wenigstens die Mundpropaganda der Nahregion berichten sollten, bedurften einer entsprechenden räumlichen Kulisse. Im Zentrum adeliger Lebensweise der Frühen Neuzeit stand daher – wenn die Ressourcen es zuließen – der adelige Wohnsitz. Seine Größe, Gestaltung und Ausstattung hingen von der ständischen Qualität, vor allem aber vom Vermögen seiner Besitzer ab. Mitunter handelte es sich schlicht um ein steinernes Herrenhaus, das sich lediglich in seinen Ausmaßen von den benachbarten Bauernhäusern unterschied. Manche ins Mittelalter verweisende Burg wurde später als Steinbruch benutzt oder dem Zeitgeschmack gemäß erweitert, umgebaut und modernisiert. Adelsgeschlechter, die über das notwendige Kapital verfügten, suchten im 17. und 18. Jahrhundert mit Hilfe repräsentativer Schlossbauten der eigenen Würde Ausdruck zu verleihen. Denn wie Fürst Karl Eusebius von Liechtenstein in seinem «Werk von der Architektur» im letzten Drittel des 17. Jahrhunderts formulierte, nur die höchsten adeligen Häupter würden der Geschichte teilhaftig. Die vornehmsten Gebäude jedoch «zeigen sich selbst allen an ohne Histori und Beschreibung und seint das sichtbare lebendige Zeichen und Gedächtnus, dan sie den Nahmen und Wapen des Structoris fiehren und tragen, und verkindigen allen, dass vor so villen hundert Jahren ein dergleichen Vornehmer und Mechtiger in disen und jehnen Geschlecht gewesen, so durch seinen hochen und diefsinnigen Verstandt und gehabte Macht der Reichtumb dieses vornehmbste Werk und Structur hat inventieret [= erfunden], dirigieret und durch seine Reichtumben hat verfertigen lassen». Auch die Ausstattung der Wohnräume, die den Besuchern zugänglich waren, boten vielfältige Möglichkeiten, die Vornehmheit und das Alter des eigenen Geschlechts, familiären Reichtum, Familienleitsprüche, Weltanschauung, Regierungsprogramme und kulturelles Selbstverständnis zu veranschaulichen. Eigene Bibliotheken bewiesen die Bildung, Kunstgalerien den Kunstsinn ihrer Besitzer. Teure Musikinstrumente verwiesen auf musisches Können; Wunderkabinette belegten die Reisetätigkeit und Weltläufigkeit der Sammler. Nicht wenige Adelige investierten in den repräsentativen Schlossbau mehr, als die Familiengüter abwarfen. Wer im großen Stil nicht mithalten konnte oder durfte, suchte zumindest in der Ausstattung des Salons mit den vornehmen und reichen Geschlechtern mitzuhalten. Auch Freizeitaktivitäten boten vielfältige Möglichkeiten, Standesunterschiede zu betonen. Die Jagd war über viele Jahrhunderte hinweg exklusives Privileg des Adels. Die an den Höfen gepflegten Tänze elegant bewältigen zu können, gehörte zum adeligen Standarderziehungsprogramm. Überdies erlaubten auch ausdifferenzierte adelige Kleidungsstile und Essgewohnheiten, sich standesgemäß in Szene zu setzen. Zwar lassen sich im Mittelalter und in der Frühen Neuzeit zahlreiche Versuche belegen, Konsumgewohnheiten nach Ständen zu regeln, doch zielten sie nicht auf die Einschränkung des Adels, sondern eher darauf, Angehörige anderer sozialer Gruppen davon abzuhalten, adelige Gewohnheiten zu kopieren.

Im «bürgerlichen» 19. Jahrhundert blieb schließlich für die standesgemäße Prachtentfaltung jenseits der Fürstenhöfe nur noch wenig Raum. Nicht immer setzten die schwindenden materiellen Ressourcen des Adels seinem Repräsentationsbedürfnis Grenzen, aber die öffentliche Haltung wurde zunehmend kritischer gegenüber Prunk und Pracht, die nicht staatlicher Selbstdarstellung dienten. Adelige Kultur musste sich auf «kostengünstigere» Bereiche verlagern, die noch dazu auch das bürgerliche Publikum zu respektieren bereit war. Als typisch für adelige Qualitäten galten im 19. Jahrhundert eine breite, nicht an Erwerbsarbeit ausgerichtete Bildung, guter Geschmack, Kunstsinn und feine Manieren. Die Bereitschaft, sich für nationale Kulturaufgaben zu begeistern oder sich sozial zu engagie-

Schloss Weißenstein in Pommersfelden wurde zwischen 1711 und 1718 von Lothar Franz von Schönborn, Fürstbischof von Bamberg und Kurfürst von Mainz, als repräsentativer Familiensitz erbaut. Die finanzielle Grundlage lieferte eine Schenkung Kaiser Karls VI.

ren, trug dem Adelsangehörigen gesellschaftliche Anerkennung ein. Adelsgeschlechter, die es sich leisten konnten, erweiterten die bereits in der Frühen Neuzeit begonnenen Kunstsammlungen ihrer Familien oder legten neue an. Ursprünglich hatten diese vor allem dazu gedient, die eigene Glorie kunstsinnig ins Bild zu setzen. Nun suchte man seine gesellschaftliche Verantwortung im Interesse des Vaterlandes durch kulturelles Mäzenatentum zu beweisen. «Ein einzelner wahrhafter Mäzen vermag für Generationen seiner Nation, und seinem Wohnsitze für Jahrhunderte das Gepräge seines künstlerischen Strebens aufzudrücken. Oft weniger durch beständigen Kultus der anerkannten Meisterschaft, als durch das Finden der Talente, durch das Bahnbrechen für neue Richtungen», heißt es in einem Artikel der Zeitschrift «Kunst und Handwerk» von 1897. Im solchermaßen verstandenen Mäzenatentum trafen sich finanzkräftiger Adel und Bürgertum. Die dem Adel scheinbar geburts- und geblütsmäßig «zustehenden» exklusiven Netzwerke und Verbindungen wurden indes in bürgerlichen Kreisen eher misstrauisch betrachtet, wenn sie sich nicht mit beruflicher Leistungsbereitschaft verbanden. Adelige Lebensweise mit bürgerlichem Leistungsanspruch zu verknüpfen, fiel männlichen Adeligen leichter als der typischen adeligen Dame, für die noch immer Berufstätigkeit außerhalb der Höfe eigentlich nicht in Frage kam. Fehlte der finanzielle Rückhalt, dann eröffnete das neue Tugendideal der «Kargheit» im Lebensstil die Chance, Armut vornehm zu verkleiden.

Sowohl für den begüterten als auch für den armen Adel bot schließlich die Pflege der familiären Verbindungen und Traditionen wie des Familiengedächtnisses eine reichhaltige Beschäftigungsmöglichkeit. Schon seit dem Mittelalter nutzten Angehörige des Adels fromme Schenkungen und Messstiftungen, um die eigenen Chancen im Jenseits zu vergrößern. Weitere Legate sollten darüber hinaus die Erinnerung an die eigene Person bei Untertanen, Dienstboten und Verwandten wachhalten. Standesgemäße Grabgestaltung, Familiengrabstätten und Epitaphien dienten nicht nur dem Gedenken an den Verstorbenen, sie setzten zudem das gesamte Adelsgeschlecht ins rechte Licht. Gemälde berühmter Vorfahren, in den eigenen Wohnräumen repräsentativ platziert, trugen dazu bei, die Nachkommen über ihre Vorfahren zu informieren, und sie vermittelten, ähnlich wie liebevoll und sorgfältig ausgestaltete Ahnentafeln, dem Besuch Einblicke in das Alter und die Vornehmheit der Adelsfamilie. Diese Rückbesinnung auf die Familiengeschichte erlebte im 19. Jahrhundert einen neuerlichen Aufschwung. Wenn sonst kaum Unterschiede in der Lebensweise zur bürgerlichen Elite bewahrt werden konnten, so blieb der eigene Stammbaum doch exklusiv. Es scheint, als habe der Siegeszug bürgerlicher Wirtschafts- und Lebenskonzepte auch dazu geführt, die Familienverbindungen in der erweiterten adeligen Familie jenseits der gesellschaftlichen und politischen Handlungsspielräume einzelner Familienmitglieder zu stärken. Nicht wenige Adelsgeschlechter institutionalisierten erst im späten 19. Jahrhundert Familientage. Hier trafen sich in regelmäßigen Abständen Angehörige auch entfernter Linien und bekräftigten von Neuem ihre adelige Verwandtschaft und familiäre Loyalität. Hier konnte der hoffnungsvolle Nachwuchs präsentiert werden, nützliche Verbindungen ließen sich knüpfen, und manche Heirat wurde angebahnt.

Was blieb von adeligen Lebensräumen und Lebensstilen im 20. Jahrhundert? Insbesondere derjenige Teil des Adels, der im Gefolge des Ersten und Zweiten Weltkriegs massive Besitz- und Einkommenseinbußen hinnehmen musste, hatte kaum noch Chancen, sich in seiner Lebensweise von anderen gesellschaftlichen Gruppen zu unterscheiden. Die Rede von der «Adelsarmut» oder dem «Adelsproletariat» lässt sich schon in der Endphase des Kaiserreiches, vor allem aber in der Zwischenkriegszeit belegen. In bedrängten finanziellen Verhältnissen musste sich adeliger Habitus mehr und mehr auf die «private» Pflege der eigenen Familiengeschichte und des erweiterten familiären Netzwerkes beschränken. Dies bedeutete freilich nicht zwingend, dass der Adel sich im eigenen Selbstverständnis der nichtadeligen Bevölkerung anzunähern begann. Nach wie vor waren viele Adelige bestrebt, in Bildungsgängen, Partner- und Berufswahl, in Geselligkeit und Freizeitverhalten möglichst unter sich zu bleiben. Die Wendung «Adel verpflichtet» stammt zwar schon aus dem frühen 19. Jahrhundert. Doch bis weit ins 20. Jahrhundert hinein verband sich mit dem aus der adeligen Herkunft abgeleiteten Gefühl von Überlegenheit die Überzeugung, im Gegensatz zu Nichtadeligen den Staatsinteressen und der Allgemeinheit verpflichtet zu sein und deswegen eine Sonderbehandlung beanspruchen zu können. Spätestens nach dem Zweiten Weltkrieg war dieser Anspruch jedoch nicht mehr aufrechtzuerhalten. Jenseits der freiwilligen oder erzwungenen allmählichen Anpassung an bürgerliche Lebensverhältnisse und die Demokratie bleibt eines jedoch auffällig: Von adeliger Herkunft, Lebensräumen und Lebensstilen ging und geht nach wie vor eine Faszination aus, die zu eigenen Genres in der Trivialliteratur geführt hat und noch immer zum Kauf der Regenbogenpresse animiert.

Insgesamt zeigt der Überblick über die rechtlichen, wirtschaftlichen und kulturellen Charakteristika des deutschen Adels bemerkenswerte Kontinuitäten. Sie sollten jedoch nicht als Merkmale eines starren adeligen Verhaltens im Kampf ums Obenbleiben interpretiert werden. Adelige Erziehung und Adelskultur scheinen über das Beharren auf Privilegien hinaus die Ressourcen zur Verfügung gestellt zu haben, die über viele Jahrhunderte hinweg ein flexibles Reagieren auf zeittypische Herausforderungen ermöglichten.

IV. Historische Herausforderungen

1. Die «Adelskrise» des Spätmittelalters

Ob man von einer spätmittelalterlichen «Adelskrise» sprechen sollte, ist umstritten. Der inflationäre Gebrauch des Wortes «Krise», die regionalen Unterschiede – der österreichische Adel erweiterte damals seinen Besitz – und die Tatsache, dass der Niedergang von vielen Mitgliedern einer sozialen Formation stets anderen, inner- wie außerhalb dieser Gruppe, die Chance zum Aufstieg eröffnet, mahnt wenigstens zur Differenzierung. Gleichwohl erlebten zahlreiche Adelige ihre Zeit als krisenhaft, denn Struktur und Situation «des» Adels veränderten sich erheblich als Reaktion auf tiefgreifende politische, demographische, kriegstechnische und ökonomische Veränderungen.

Wie hatte sich der spätmittelalterliche Adel formiert, und wer gehörte ihm überhaupt an? Um das Jahr 900 herum hatte sich (erneut) eine kleine Gruppe von Fürsten, Nachfahren karolingischer Reichsaristokraten, machtmäßig über die weit zahlreicheren Grafen und Edelherren erhoben, mit denen sie gleichwohl als Adelige noch eine soziale Einheit bildeten. Was sie auszeichnete, waren ihre Nähe zum König und ihre Inhabe von Ämtern – das entstehende Reich war quasi ihr Werk, das sie repräsentierten. Als im Hochmittelalter die Ämter zunehmend erblich wurden, wandelten sich Amtstitel (wie Herzog) zu geburtsmäßig erlangten Standestiteln. Dazu begannen die Fürsten nach dem Ende der Staufer, im Norden eher königsfern-autonom, sonst oft in Anlehnung an das Königtum, Landesherrschaften aufzubauen: Sie behandelten Lehen wie Eigentum (Allod) als disponible Erbmasse, die sie rechtlich und z. T. auch gebietsmäßig zu vereinheitlichen suchten. Langsam entstanden, auch mit Hilfe der Landstände, Länder, freilich noch ohne lineare Grenzen (ursprünglich ein slawisches Wort!). Dabei sollten sich selbst Grafen und Edelherren ihrer Gerichtsherrschaft unterwerfen, was etwa den Wittelsbachern in Bayern weitgehend glückte, ebenso den Wettinern zwischen Elbe und Saale, nicht aber in der «Grafenregion» am Harz. Vorangetrieben wurde dieser Prozess durch Gewalt, etwa die erzwungene Öffnung von Burgen, durch Aufkäufe und Indienstnahme von Mindermächtigen. Diese ließen sich teilweise (durch Ämter, Solddienste, Landtagsmitgliedschaft, Hoforden, Umwandlung von Allod in Lehen, Zurückdrängung von Mehrfachvasallität, Gefolgschaft bei Festen) einbinden, manche sogar mediatisieren. Andere wehrten sich, wechselten oft den Dienstherrn bzw. nahmen Lehen von verschiedenen Fürsten, um einseitige Abhängigkeiten zu vermeiden. Sie schlossen – vom Reichsoberhaupt erst 1422 generell genehmigt – befristet egalitäre regionale Schwureinungen, meist mit gewählter Leitung, gemeinsamen Symbolen, Kassen, Gastmählern und Messen. Diese zeittypischen Genossenschaften (vgl. Städtebünde, Zünfte) dienten der Schlichtung interner Streitigkeiten, aber teilweise auch der Rechts- und Fehdehilfe. Die bedeutendste von ihnen, die Gesellschaft mit St. Jörgenschild, band Adelige im gesamten Südwesten des Reichs (außer der Schweiz) in ein Bündnisnetz mit politischem Gewicht ein. Obwohl das Bündnis zwischen Grafen und Rittern ab 1495 an der Frage einer Reichssteuer zerbrach, gelang es in den alten Kernregionen des Reichs, wo nach der Verlagerung der Krongewalt nach Südosten mehrere Fürsten konkurrierten, beiden – in Grafenvereinen und Ritterschaften –, langfristig die Reichsunmittelbarkeit ihrer Mitglieder zu bewahren (s. Kap. I 3). Im Norden und Osten fehlten solche «eigenmächtigen» Verbindungen fast ganz; hier wurde der Adel ziemlich widerstandslos mediatisiert.

Erbteilungen im Adel waren im Spätmittelalter an der Tagesordnung. Insofern stärkte es die Macht der wichtigsten Dynasten, dass die Goldene Bulle – um eine Vermehrung der Zahl der Kurstimmen zu verhindern – die Aufteilung der weltlichen Kurlande untersagte und die Habsburger im (gefälschten) Privilegium maius (1358/59) sowie die bayerischen Wittelsbacher im Hausgesetz von 1506 (freilich nicht immer eingehaltene) Primogeniturnormen erließen, um eine erneute Zersplitterung ihres

Familienbesitzes zu verhindern. Dem Machtzuwachs dieser beiden Dynastien kam zugute, dass (besonders) im Südosten des Reichs die altadeligen Geschlechter bis 1300, spätestens bis 1500 u.a. infolge von Zölibat und Kriegseinsatz großteils absanken oder ausstarben: So beerbten die Habsburger auf Umwegen u.a. die Babenberger, die Wittelsbacher die Andechs-Meranier. Der Graf von Württemberg kaufte in großem Stil die Herrschaften verarmter Geschlechter auf und rundete sein Territorium damit ab. Etwa in Sachsen oder im Münsterland wurde der Konzentrationsprozess der fürstlichen Macht vor allem durch (z.T. kombinierte) land- wie lehenrechtliche Ansprüche vorangetrieben.

Lehen bis hin zu Burgen als «Spitzenlehen» waren im 11./12. Jahrhundert auch an ursprünglich meist unfreie Dienstleute (Ministerialen) vergeben worden. So waren diese durch Hof-, Kriegs- oder Verwaltungsdienste schrittweise zu «ehrbaren» Rittern und Edelknappen aufgestiegen: zu einem neuen, wenngleich niederen Adel. Demnach ist es verfehlt, wenn man sie, wegen der heutigen «Ritterrenaissance» in Medien und «Mittelalter»-Veranstaltungen, für die typischen Vertreter des mittelalterlichen Adels hält. Doch schon zur Stauferzeit bemühten sich selbst Hochadelige darum, mit Gürtel und Schwert zu Rittern ernannt zu werden. Der «Ritterschlag» ist dagegen im Reich erst ab 1377 nachweisbar, als die Zahl derjenigen, die von Edelknechten tatsächlich zu Ritter erhoben wurden, längst zurückging. Zu dieser Zeit war aus dem Berufsrittertum nämlich ein erblicher Stand geworden, der sich jedoch einer veränderten Kriegstechnik anpassen musste. Die Eidgenossen hatten seit 1315 begonnen, mit der habsburgischen Herrschaft auch die Spitzengruppe des Schweizer Adels zu beseitigen, zu verdrängen oder in die städtischen Bürgerrechte zwangsweise zu integrieren. Sie hatten dabei gezeigt, dass Infanteristen mit langen Spießen einer kleinen Zahl von Rittern, also Panzerreitern, überlegen sein konnten. Doch lernten die Ritter bald, wann sie im Kampf z.B. vom Pferd absteigen mussten. Schon Armbrust und Langbogen hatten eine Verstärkung ihrer Panzer erfordert, doch erst die Verbreitung wirksamer Handfeuerwaffen nach 1500 machte sie grundsätzlich verwundbarer. Trotzdem blieb die (nicht mehr rein adelige) schwere, gleichwohl mobile Reiterei, nun im leichteren Kürass, noch bis ins 18. Jahrhundert die Hauptangriffswaffe der Heere. Außerdem wandelten sich manche Ritter, ohnehin selten reine Einzelkämpfer, zu Söldnerführern in fremden Diensten oder gar zu selbständigen Kriegsunternehmern. Allerdings begannen ab ca. 1450 ihre herkömmlichen Burgmauern einem verbesserten Artilleriebeschuss nicht mehr standzuhalten – sie zu verstärken, kostete jedoch viel Geld.

Dabei gerieten zahlreiche Adelige finanziell in Schwierigkeiten. Epidemien- und klimabedingt nahm die mitteleuropäische Bevölkerung nämlich seit ca. 1350 ab – ein Trend, der sich erst um 1470 wieder umkehrte. Das ließ die Preise für Getreide stärker sinken als die für gewerbliche Güter, die Löhne stiegen. Jene Adeligen, die von Eigenwirtschaft oder fixierten Grundrenten lebten bzw. deren Bauern z.B. infolge einer Heuschreckenplage keine Abgaben leisten konnten, kamen da schnell in die Gefahr, selbst den Pflug führen zu müssen und damit zu «verbauern». Außerdem stiegen die Kosten für eine standesgemäße Lebensführung vor allem gegen 1500 rapide an; damals kostete ein ausgewachsenes, gepanzertes Ritterpferd rd. 50 fl.! In den Dienst von Fürsten, gar vormals Ranggleichen (wie dem Grafen, ab 1495 Herzog von Württemberg) zu treten, um weiter ein entsprechendes Einkommen zu erzielen, fiel psychologisch schwer, ging damit doch ein Stück adeliger Freiheit verloren. Natürlich bot ein Fürstenhof soziale Chancen und kulturelle Attraktionen. Fürstlicher «Rat» zu werden, konnte noch als Intensivierung der Vasallenpflicht zu «Rat und Hilfe» gelten. Einen festen Sold, Privilegien oder neue Lehen zu erhalten, mochte einträglich sein, blieb aber eine zweischneidige Sache: Im Amt übte man eine lediglich delegierte Herrschaft aus. Zudem wuchs die Konkurrenz: Neue Stellen in Verwaltung und Justiz gingen überwiegend an Bürgerliche, insbesondere solche mit juristischer Bildung. Denn der Ausbau von Kanzlei und Verwaltung zählte neben einer geschickten Bündnis- und Lehenspolitik sowie glücklichen genealogischen Umständen zu den Faktoren, die es einem Fürstengeschlecht erlaubten, im Machtdreieck zwischen Adel, Städten und Kirche zu dominieren. Das lässt sich bis in königsferne Regionen wie Pommern und Mecklenburg beobachten, deren Herzöge, ursprünglich slawische Magnaten, ab ca. 1480 endgültig in den Reichsfürstenstand hineinwuchsen. Die Risiken und Chancen all dieser Entwicklungen aber verstärkten die Binnendifferenzierung auch innerhalb des Niederadels.

So brachten das Vordringen fürstlicher Landesherrschaft wie der wachsende bürgerliche Einfluss und Reichtum, speziell von Patriziern und Fernkaufleuten der Hanse- und Reichsstädte, viele Niederadelige in Bedrängnis. Rittergesellschaften erließen Zulassungsvorschriften, namentlich bei den festlichen sog. Vier-Länder-Turnieren (Franken, Schwaben, Bayern, Rheinland) 1479/87. Sie richteten sich nach 1420 vor allem gegen Neuadelige und reiche Bürger deren ostentativer Luxus bezüglich Kleidung, Schmuck etc. die Möglichkeiten einfacher Ritter weit überstieg. Auch wenn in Norddeutschland und Westfalen diese generelle Abschließung des Niederadels gegenüber dem Bürgertum erst im 16. Jahrhundert erfolgte – das Verhältnis zwischen Ritterschaft und Bürgertum war jedenfalls komplex: Während Bürger teilweise eigene Turniere organisierten, konnten Adelige trotz aller Klagen über die Parvenüs auf die Stadt als «Bühne» vor großem Publikum, aber auch auf deren Einkaufsmöglichkeiten sowie deren Funktion als Kommunikationszentrum nicht verzichten – dort wurden Turniere und Rittertage abgehalten und ritterschaftliche Archive geführt! Doch suchte man sich abzugrenzen – was aber nicht ganz durchzuhalten war. Beschloss man 1481, keinen zum Turnier zuzulassen, der mit einer Bürgertochter verheiratet war, so akzeptierte man 1485 Adelige, denen ihre Ehefrau mindestens 4000 fl. in die Ehe eingebracht hatte. Immerhin bot eine derartige Veranstaltung die Gelegenheit, das Distinktionsbedürfnis gegenüber dem Bürgertum sinnfällig zu inszenieren.

Umgekehrt besaß ein Turnier – (kirchlich verbotenes) Unterhaltungsspektakel und Kriegsübung zugleich – in mancher Hinsicht einen inneradelig-egalitären Charakter: Dort vermochte ein geschickter einfacher Ritter unter dem Jubel der Menge einen Fürsten aus dem Sattel zu heben – ein gewisser Ausgleich zu fürstlichen Tendenzen, z. B. bei Hoftagen oder -festen (wie der Landshuter Hochzeit 1475), durch Tanz- und Sitzordnungen die Hierarchie der Gäste, auch im eigenen Gefolge, nach Stand und Rang minutiös zu demonstrieren. Luxusverbote sollten auch ärmeren Adelsfamilien zumindest die passive Teilnahme am Turnier ermöglichen: «ob aus den vorgenannten Frauen und Jungfrauen mit solcher Kleydung zum Geschmukh nit also kostlich an Sammet versorgt weren, die sollent dennoch nach ihrem Standt zu Ehren und Würden gezogen werdten». Dennoch wurden seit Kaiser Maximilian I., dem «letzten Ritter», die prächtigen Turniere mehr und mehr zu einem nostalgischen höfischen Sport der Fürsten. Denn immer seltener waren einfache Adelige in der Lage, die wachsenden Kosten für eine Turnierausrüstung aufzubringen.

Schon seit längerem hatten sich nicht wenige Niederadelige dem «Raubrittertum» (eine Wortschöpfung der Romantik!) zugewandt, um ein wenig am Reichtum der «Pfeffersäcke» zu partizipieren. Aus ihrer Sicht hatte dies freilich mit Raub wenig zu tun, eher mit Weg- oder Flusszöllen im Bereich ihrer Herrschaft, allgemeiner: mit Fehde. Natürlich war es fragwürdig, wenn ein – wohlhabender – Götz von Berlichingen fremde Rechtsansprüche nutzte, um Städten Geld abzupressen. Doch die Befugnis, sich das eigene Recht zu nehmen, galt in Zeiten, in denen es keine ausreichende «öffentliche Gewalt» gab, grundsätzlich als durchaus legitim für einen Herrschaftsträger. Auch Städte und Fürsten nutzten Fehden, um Ritter als angebliche oder tatsächliche Friedensbrecher niederzuwerfen. Seit dem Hochmittelalter hatten sich indes die Kirche, Könige, aber auch Fürsten und regionale Adelsvereinigungen bemüht, das Fehdewesen zurückzudrängen: Eine «rechte» Fehde musste in bestimmten Formen erklärt, Wehrlose (wie Frauen, Priester) sollten geschont, heilige Orte und Zeiten ausgespart werden. Denn Fehden erwiesen sich oft als ruinös für alle Beteiligten. So wurde nach vielen zeitlich begrenzten Landfrieden 1495 vom Reichstag ein allgemeiner, ewiger Landfrieden verkündet. Streitigkeiten zwischen Reichsunmittelbaren sollten von nun an von dem

Götz (Gottfried) von Berlichingen (um 1480–1562) – hier auf einem Holzstich aus dem 19. Jahrhundert – war ein fränkischer Reichsritter, der an einer Vielzahl von Fehden und Kriegszügen teilnahm, was ihm längere Zeiten der Acht und Gefangenschaft einbrachte. Dabei hatte er schon 1504 seine rechte Hand verloren und trug danach eine noch heute erhaltene eiserne Prothese. Frühzeitig schloss er sich Luther an, und 1525 wählten ihn die aufständischen Odenwälder Bauern sogar zu ihrem Hauptmann, ein Amt, das Berlichingen vor der Entscheidungsschlacht gegen den Schwäbischen Bund aufgab und vermutlich auch nur angenommen hatte, um mäßigend auf die Bauern einzuwirken. Seine bleibende Bekanntheit und seine 1731 erstmals gedruckten Memoiren regten Goethe zu einem Drama an. Das dort seiner eher als tragischem, «männlichem» Freiheitshelden dargestellten Hauptfigur zugeschriebene Zitat macht Götz zum wohl am häufigsten zitierten Adeligen der deutschen Geschichte.

neu errichteten Reichskammergericht entschieden werden, an dessen Unterhalt sich die Reichsritter nicht beteiligten, obwohl sie mit der Zeit auch dort zunehmend Prozesse führten und Spitzenämter bekleideten. Daneben stand das alte königliche Hofgericht, weiterentwickelt zum Reichshofrat, zur Verfügung. Da jedoch die Exekution der Gerichtsurteile den neu geschaffenen Reichskreisen übertragen wurde, in denen Fürsten das Sagen hatten, stärkte auch dieses neue Reichsgesetz letztlich die Fürstenmacht. Das Fehdewesen der kleineren Herren kam mit den sog. Grumbach'schen Händeln 1567 praktisch zum Erliegen.

Die Adelskritik der Zeit aber stammte von Patriziern als konkurrierenden Herrschaftsträgern, die sich zurückgesetzt fühlten, von Dichtern oder bürgerlichen Gelehrten, die den Mangel an humanistischer bzw. universitärer Bildung bei den adeligen Zeitgenossen rügten oder sie am Ideal des Tugendadels – einem gemeingesellschaftlichen Ideal – maßen, sowie von Geistlichen, welche die rivalisierende ritterliche Laienkultur mit ihrer (monastischen Idealen entgegengesetzten) Minne, ihrer körperbetonten Kleidung und ihrem Luxus stets kritisch beäugt hatten. So schrieb der mystische Theologe und humanistische Pazifist Sebastian Franck 1531 – nicht ungestraft: «Sie treiben keine andere Hantierung als Jagen, Beizen, Saufen, Prassen, Spielen; sie leben von Renten, Zinsen und Gülten im Überfluss». Dabei sah sich der Adel seiner Zeit mit neuen Herausforderungen konfrontiert.

2. Reformation und Bauernkrieg

Vor große Probleme stellte den Adel die Reformation. Letztlich war eine Glaubensentscheidung immer die persönliche Sache eines erwachsenen Adeligen. Aber die Konsequenzen, die dieser Schritt mit sich brachte, prägten seine Karrierechancen und damit auch die Zukunft seines Hauses. So verwundert es nicht, dass die Optionen je nach politischer Situation in die eine oder andere Richtung wiesen. Fand die Reformation zu Beginn einige aktivistische Anhänger im Adel, so übten gerade Niederadelige von ca. 1530 bis mindestens 1555 konfessionspolitische Zurückhaltung und orientierten sich an den neuen Machtentwicklungen – anfangs oft, als Zeichen und zwecks Erhalt ihrer autonomen Herrschaft, im Sinne einer mehrheitlichen Konfessionswahl *entgegen* den Präferenzen des eigenen oder benachbarter Landesherren. Innerfamiliär trafen sie oft diskrete, aber weitreichende Konfessionsentscheidungen: Anfangs stellte etwa die große Mehrzahl evangelische Prediger als Pfarrer ein, später, im Zuge der Gegenreformation, als zahlreiche Familien zur «alten Kirche» zurückkehrten, beschäftigten viele einen Jesuiten als Lehrer, auch für den eigenen Nachwuchs.

Jedenfalls wurden Durchsetzung bzw. Scheitern der Reformation wesentlich vom Adel mitbestimmt. Die erste von Luthers drei großen Reformationsschriften von 1520 «An den Christlichen Adel deutscher Nation von des christlichen Standes Besserung» forderte Kaiser und Adel auf, die Reform der Kirche gegen deren weltliche Gewalt und die päpstlichen Ansprüche durchzusetzen. Nachdem Luther bald darauf gebannt worden war, hätte der junge Karl V. eigentlich automatisch die Reichsacht folgen lassen müssen. Aber Kaiser und Reichsstände – die schon lange «Gravamina [Klagen] der deutschen Nation wider den päpstlichen Hof» erhoben hatten – boten dem Reformator stattdessen auf dem Reichstag zu Worms die Gelegenheit, sich in aufsehenerregender Weise zu rechtfertigen. Nach seiner Verurteilung durch den Kaiser war es sein Landesherr, Friedrich der Weise, der ihn auf die Wartburg entführen ließ und dadurch schützte. Schon in der Frühzeit der Reformation schlossen sich Luther einige prominente Reichsritter an, wie der Humanist Ulrich v. Hutten oder der reiche und erfolgreiche Feldherr Franz v. Sickingen. Letzterer nutzte Luthers Lehre freilich für seinen Versuch, als Führer einer rheinisch-schwäbischen Rittereinung das Erzstift Trier für sich zu säkularisieren. Der massive Widerstand verbündeter Fürsten kostete ihm 1523 das Leben. Radikale soziale und politische Umbrüche im Reich – und dazu zählte die eigenmächtige Ersetzung eines geistlichen Kurfürsten durch einen Parvenü aus dem Ritterstand ebenso wie 1534/35 der Sturz des Fürstbischofs von Münster durch radikal-egalitäre bürgerliche Täufer – waren nicht im Sinne der allermeisten Fürsten, unabhängig von deren religiöser Überzeugung.

Das zeigte sich gleichfalls 1525 im Bauernkrieg, wenngleich manche Ritter aus Angst vor fürstlichen Mediatisierungswünschen die Aufständischen unterstützten. Niedergeschlagen wurden Letztere in Thüringen von zwei vehement reformationsfeindlichen Herzögen aus Braunschweig-Lüneburg bzw. dem albertinischen Sachsen gemeinsam mit Landgraf Philipp von Hessen, der mit antikaiserlicher Spitze 1528 sogar – erfolglos – eine Einigung zwischen den reformatorischen Protagonisten Luther und Zwingli zu vermitteln versuchte. In Süddeutschland war der Hauptgegner der Bauern der Schwäbische Bund, ein 1488 auf Betreiben des Kaisers gegründetes, damals gegen die Expansionsbestrebungen der Bayernherzöge gerichtetes breites Bündnis von Fürsten, Prälaten, Rittern und Städten.

Was wollten die Bauern? Die im Aufstandsgebiet weitverbreiteten «12 Artikel» forderten unter Berufung auf das «göttliche Recht» der Bibel und das Urteil führender Reformatoren wirtschaftliche Entlastungen und die Wiederherstellung bzw. Sicherung der persönlichen Freiheit und dörflichen Autonomie, u.a. die freie Wahl von reformationsgesinnten Pfarrern. Letztlich zielte der «gemeine Mann» auf politische Mitbestimmung durch eidgenossenschaftliche Landschaften bzw. auf Landtagen. «Nit das wir gar frey wo(e)llen seyn, kain oberkait haben wellen», versicherten die Bauern, sie wollten «den rechten korn zehat [Zehnt] gern geben», auch «ob [...] des herren dienst von no(e)tten weren, [...] willig vnd gehorsam [...] sein», wenngleich nicht zur Unzeit und jedenfalls «vmb aynen zymlichen pffenning». Diese nicht unbedingt radikalen Forderungen richteten sich weniger gegen die Landesherren – und schon gar nicht gegen den Kaiser –, sondern vor allem gegen adelige und geistliche Grundherren. Übergriffe gegen Personen ließen sich die Aufständischen jedoch kaum zuschulden kommen, allein im Bambergischen zerstörten sie allerdings rd. 200 Burgen und Rittersitze.

Das Strafgericht der Sieger fiel gegen die Anführer des Landfriedensbruchs drakonisch aus. Auch «Mitläufer» mussten erhebliche Entschädigungs- und Strafzahlungen leisten. Damit restaurierten die geschädigten Adeligen ihre alten, oft ungemütlichen Burgen indes nur selten, eher leisteten sie sich An- oder Neubauten im modernen Renaissance-Stil. Im Übrigen fanden sich die Fürsten in etwa einem Drittel des Aufstandsgebiets doch zu gewissen Zugeständnissen meist materieller Art bereit; mehr politische Mitsprache wurde dem gemeinen Mann dagegen nur in Kempten und Tirol eingeräumt. Gleichzeitig mit massiven Drohungen gegen künftige Widersetzlichkeiten beschloss der Reichstag von 1526 allerdings, dass es in Fragen der Religion jeder Reichsstand so halten sollte, wie er es vor seinem Gewissen und dem Kaiser verantworten könnte – faktisch: wie er es für richtig hielt.

Angesichts der Kämpfe gegen Frankreich und die Osmanen, die 1529 erstmals Wien belagerten, vermochte Karl V. nicht, das Wormser Edikt gegen Luthers Lehre flächendeckend durchzusetzen, wenngleich er dazu mehrere Anläufe unternahm. Denn er benötigte v.a. die finanzielle Hilfe eben auch von Luthers Anhängern. So konnte der überzeugte Lutheraner Johann von Sachsen, der seinem Bruder Friedrich als Kurfürst gefolgt war, mit Hilfe des Reformators und diverser Visitationen ab 1527 recht ungestört eine erste lutherische Landeskirche aufbauen. Neben ihm protestierten noch Landgraf Philipp und vier weitere Fürsten (neben 14 Reichsstädten) 1529 gegen den Versuch, die Lehre Luthers endgültig zu ächten. Die beiden genannten protestantischen Fürsten führten dann den 1531 gegründeten Schmalkaldischen Bund, der sogar den aus seinem zwischenzeitlich habsburgisch regierten Herzogtum Württemberg vertriebenen Herzog Ulrich mit Militärgewalt wieder einsetzte, der dort umgehend die Reformation einführte. Zu dieser Zeit verfügte selbst der Kaiser über kein stehendes Heer im Reich! Bis Karl V. nach langen diplomatischen und militärischen Vorbereitungen den Bund 1547 vernichten konnte, hatte sich der Protestantismus hier schon ziemlich fest etabliert. Ein letzter kaiserlicher Versuch, die «alte Lehre» (mit kleinen Modifikationen) überall durchzusetzen, scheiterte an der vom katholischen Frankreich unterstützten Fürstenrevolution von 1551/52. An deren Spitze stand der lutherische Herzog Moritz von Sachsen, der Albertiner, dem dank seiner Dienste für den Kaiser die Kurwürde seines besiegten ernestinischen Verwandten übertragen worden war. So blieb es König Ferdinand I., der 1555 seinen resignierenden Bruder Karl V. als Kaiser ablöste, vorbehalten, sich mit den protestantischen Fürsten zu arrangieren: Der Augsburger Religionsfrieden erließ ein allgemeines Friedensgebot, in das auch die Anhänger der Confessio Augustana einbezogen wurden. Die Untertanen hatten sich allerdings nach dem Bekenntnis ihrer reichsunmittelbaren Herren zu richten; andernfalls konnten sie nur noch auswandern.

So nahm es eine friedenswillige, vielfach fromme Generation Fürsten in die Hand, die religiösen Verhältnisse in ihren Ländern im Sinne ihres eigenen Glaubens selbst zu gestalten, auch durch entsprechende Vergabe von Ämtern. Ihr Verfassungskompromiss bewahrte indes die Einheit des Reichs trotz konfessioneller Spaltung und sicherte diesem sogar bis 1618 weitestgehend den Frieden – mit Ausnahme der spanisch regierten Niederlande, für die der Religionsfrieden nicht galt und die daher eine Teilung und einen «achtzigjährigen Krieg» erleben mussten. Dass der Frieden auch (bewusst) unklare Regeln enthielt, welche die Konfessionsparteien, zu denen bald noch die Calvinisten traten, im Zuge der ab 1570/1600 forcierten Konfessionalisierung für sich zu nutzen trachteten, verstärkte freilich die Spannungen. Mischformen aus Abendmahl und deutscher Predigt des «reinen Evangeliums» einerseits und altkirchlichen Praktiken andererseits, wie sie unter ritterlichem Patronat bis dahin nicht selten waren, wurden nun unmöglich. Dieser Prozess, den junge, schon im konfessionellen Geist erzogene Adelige, auch Kirchenfürsten, oft besonders förderten – vor allem wenn sie durch religiöses Engagement auch noch das geringe Alter ihres Familienadels wettmachen wollten –, war eine der Ursachen des Dreißigjährigen Krieges, den das Reich indes ebenfalls überstand. Für den Adel bedeutete dieser Wandel eine verstärkte religiöse Konformität und sittliche Disziplinierung.

Was für außerreligiöse Motive aber hatten Fürsten, sich der Reformation zuzuwenden? – Diese stärkte die Fürstenmacht: 1. verlieh sie ihnen die oberste geistliche Gewalt über ihre jeweiligen Landeskirchen, inklusive etwa der Ehe- und Sittengerichtsbarkeit, die ihnen Eingriffe in das alltägliche Leben der Untertanen ermöglichte, 2. bot sie ihnen die Chance zu Gewinnen aus Säkularisationen, sei es durch die Mediatisierung geistlicher Fürstentümer (was nach 1555 allerdings rechtlich umstritten war), sei es durch die Aufhebung von Klöstern und Stiften. Katholische Fürsten konnten von den neuen Möglichkeiten nicht in gleicher Weise profitieren. Doch veranlasste die Gefahr einer protestantischen Übermacht Rom dazu, ihnen beim Ausbau ihrer traditionellen landeskirchlichen Rechte weit entgegenzukommen. Zudem nutzten beide Parteien die Bestimmungen von 1555 dazu, andersgläubige Niederadelige politisch und konfessionell auf Linie zu bringen oder sie zu vertreiben. So musste der überwiegend protestantische österreichisch-böhmische Adel seit den 1620er Jahren emigrieren, soweit er nicht (wie z.B. Wallenstein wohl schon 1602) mehr oder minder freiwillig konvertierte. Da damit auch der Schutz für die Grunduntertanen entfiel, die nach dem Vorbild ihrer Herren protestantisch geworden waren, brach der Protestantismus hier zunehmend zusammen. Etwa im Münsterland war bis 1700 die konfessionelle Umorientierung ebenfalls abgeschlossen.

Friedlicher ging es dort ab, wo Fürsten ihre adeligen Untertanen am materiellen Gewinn ihrer eigenen Konfessionsentscheidung beteiligten, denn diese hatte für sie weitreichende Folgen. Der Übertritt zum Protestantismus implizierte ja den Verlust einer Vielzahl geistlicher Pfründen und Ämter als Versorgungsmöglichkeiten für Töchter und z.T. nachgeborene Söhne. Daher entlasteten viele lutherische Fürsten ihren Adel steuerlich, ließen z.B. adelige Damenstifte bestehen oder stifteten gar neue. In jenen Ritterkreisen und Grafenvereinen, in denen ein solcher Ausgleich fehlte, stellten sich die katholischen Familien indes im Schnitt besser. Dabei waren etwa die einzelnen Ritterkantone, je nach politischen Bezügen, konfessionell charakteristisch ausgerichtet: der im Einflussbereich Habsburgs liegende Kanton Donau fast rein katholisch, der zunächst durch Ämter eng mit der Kurpfalz verbundene Kanton Kraichgau zeitweise ganz protestantisch, die meisten anderen gemischt. Als die Kurpfalz ab 1563 den calvinistischen Weg einschlug, musste sie allerdings für die Besetzung wichtiger Stellen auf die wenigen (meist Wetterauer) Grafengeschlechter zurückgreifen, die diesen Glauben teilten, dem ansonsten wegen seiner Nüchternheit und ursprünglich egalitär-presbyterialen Strukturen die meisten Adeligen misstrauten. Trotz der sicher nicht konfliktfreien konfessionellen Spaltung von Adelsorganisationen und -familien wurden Brüche jedoch regelmäßig vermieden, indem die Unterschiede überspielt wurden. So erhielten z. B. im Hochstift Bamberg noch weit bis ins 17. Jahrhundert Protestanten vom katholischen Fürstbischof Hof-, danach immerhin noch lokale Verwaltungsämter. Das zeigt, wie innerfamiliäre bzw. inneradelige Solidarität dafür sorgte, dass das Reich und seine Institutionen erhalten blieben, aber auch, wie sehr der Adel auf den Hof des Fürsten und die Ämter, welche dieser vergeben konnte, angewiesen war.

3. Frühneuzeitlicher Hof und Bürokratisierung

Im Mittelalter waren personale, vornehmlich durch symbolische Akte gepflegte Beziehungen bei der Ausübung von Herrschaft zentral. Dementsprechend war der Hof eines Königs oder Fürsten stets Anlaufpunkt für viele Adelige: für Knappen, Pagen oder Hoffräulein zwecks Ausbildung, für Lehennehmer zur rituellen Übernahme von Lehen oder für Vasallen, welche der Herr zur Beratung einberief. Während die kleineren Höfe, z. B. die Dürkheimer Residenz der 1779 gefürsteten Linie des Hauses Leiningen, auch lange nach 1500 noch Charakterzüge von Zentralen überdimensionierter Grundherrschaften bewahrten, trennte sich im Laufe der Zeit in größeren Territorien die Staats- von der Hofverwaltung, wenngleich manche Ämter noch in Personalunion geführt wurden. Vor allem im Barockzeitalter nahm neben dem Luxus auch der Personalstand der Höfe zu: Der bayerische Hofstaat als Ganzes (regelmäßig gab es mehrere Teilhofstaaten, z. B. einen eigenen für die Fürstin) wuchs zwischen 1508 und 1750 von ca. 160 auf knapp 1500 Personen, der kaiserliche Hofstaat zwischen 1586 und 1740 von rd. 530 meist niederadeligen auf ca. 2000 großenteils hochadelige Mitglieder. Allerdings entstand gerade in Wien neben dem «anwesenden Hof», also den Inhabern ausgeprägter Hofämter (mit Präsenz- und Dienstpflichten sowie Bezahlung), nach 1650 mehr und mehr ein «virtueller Hof» (M. Hengerer) meist nur formell eingebundener Adeliger mit Titularämtern, die lediglich der Absicherung ihres Ranges dienten.

Lange herrschte die Vorstellung vor, derartige deutsche Barockhöfe seien allesamt mehr oder minder verkleinerte Ausgaben des großen Versailler Vorbildes gewesen und hätten hauptsächlich der Domestizierung des Landesadels gedient. Zweifellos eiferte etwa ein August der Starke Ludwig XIV. nach. Aber neben dem «zeremoniellen Hof» einiger ambitionierter, meist mittelgroßer Territorien, an dem Hierarchie, Etikette und Luxus im Vordergrund standen, lassen sich im Reich (und noch nach 1806!) weitere «Hoftypen» unterscheiden. Der multilinguale Wiener Kaiserhof, sparsamer als Versailles und lange stark katholisch und traditionalistisch geprägt, integrierte karrierewillige (v.a. Hoch-)Adelige aus Ungarn und dem Reich, z.B. besonders nach 1648 aus den katholischen Teilen Schwabens, aber teilweise sogar aus Italien oder Spanien. Finanziell natürlich noch weit zurückhaltender agierten die «hausväterlichen Höfe» vieler protestantischer Kleinfürsten, aber v.a. anfänglich auch des preußischen Soldatenkönigs, der bei seinem Regierungsantritt gleich einmal u.a. das Hoforchester einsparte. Sublimiert wurde die eigene politische Bedeutungslosigkeit an mäzenatisch ausgerichteten «Musenhöfen», wobei namentlich im berühmten Fall der Weimarer Herzogswitwe Anna Amalia ein gehöriges Maß als Selbststilisierung zu beachten ist. Schließlich pflegte man an «geselligen Höfen», etwa auf Schloss Rheinsberg unter Kronprinz Friedrich (II.), eher Konversation und Kunst als demonstrativen Luxus. Wie nicht zuletzt am Beispiel Kurkölns gezeigt wurde, war der Hof jedenfalls «eher ein Ort, an dem adelige Ansprüche auf Status und Macht mit dem Monarchen ausgehandelt werden konnten, als ein Instrument zur Domestizierung des Adels [...]» (R. Asch).

Trotzdem bedeutete es natürlich einen Entwicklungsschritt gegenüber dem Mittelalter, wenn nun so viele erwachsene Adelige an Fürstenhöfen lebten bzw. zumindest immer wieder vorsprechen mussten, um Ämter zu erhalten oder zu verwalten, auf deren (z.T. erst erhoffte) Einkünfte sie angewiesen waren. Wer «in der Welt» etwas gelten wollte, musste sich wenigstens gelegentlich bei Hofe sehen lassen, wer ehrgeizig war, musste sich hier gegenüber Konkurrenten in Szene setzen und mit Ehrenbezeugungen – besonders gegenüber Rangniedrigeren – tatsächlich geizen. Der Hof bot große Chancen auf Ansehen und Würden: Hier ließen sich, nicht zuletzt durch Hofdamen, soziale Netzwerke aufbauen oder pflegen, Geschäfte und Ehen anbahnen, Unterstützung bei Bewerbungen sichern oder auch einmal einem Fürsten eine Mätresse vermitteln. Einfluss besaß vor allem, wer direkten, zeugenlosen Zugang zum Herrscher besaß. Aber die Gunst der Herrschenden war sprichwörtlich launenhaft.

Immerhin bot die zunehmende Bürokratisierung von Verwaltung und Justiz insofern eine gewisse Sicherheit gegenüber fürstlicher Willkür, als professionelle Qualifikationen langsam in den Vordergrund rückten. Wenn man für das 17. Jahrhundert von einer «Rearistokratisierung» im Fürstendienst sprechen kann, so deshalb, weil sich eben viele männliche Adelige, speziell durch ein Studium, inzwischen an die Anforderungen, welche die Landesherren an ihre Amtsträger stellten, angepasst hatten und damit mehr Positionen okkupierten als im Jahrhundert zuvor. Obwohl standesgemäßer Dienst bei einem rangmäßig Höheren nie die eigene Ehre schmälerte, begab sich der nichtfürstliche Adel damit doch in gewissem Sinne auf einen Abweg: Wer dazugehörte, aufstieg, Karriere machte, lag nicht mehr nur an Fürsten und eigenen Standesgenossen, sondern zunehmend auch an vorgesetzten bürgerlichen Beamten. Zwar wurden noch im 19. Jahrhundert Bürgerliche, welche die höchsten Ränge erreicht hatten, regelmäßig (oft bei Übernahme des neuen Amtes) nobilitiert. Aber die Funktion des Adels wurde vermehrt auf den Staatsdienst im weitesten Sinne fokussiert, wie es das preußische Allgemeine Landrecht von 1794 formulierte: «Dem Adel als dem ersten Stande im Staate liegt, nach seiner Bestimmung, die Vertheidigung des Staats so wie die Unterstützung der äußern Würde und innern Verfassung desselben hauptsächlich ob.» Das hieß: Der Adel verdankt seinen sozialen Rang, seine Privilegien, ja seine Existenz nicht seiner eigenen geschichtlichen Tradition, sondern seiner aktuellen Funktion als Verteidiger des monarchischen Staates. Was aber, wenn sich der Eindruck verdichtete, der Staat brauche, um optimal zu funktionieren, gar keinen Adel, ja vielleicht nicht einmal mehr einen Monarchen?

4. Französische Revolution und Reichsende

1789 leitete die Revolution eine europaweite Adelskrise ein. In Frankreich wurde 1790 der Adel, zwei Jahre später die Monarchie abgeschafft. Von 1792 an drangen Revolutionstruppen auf Reichsgebiet vor, seit 1794 wurden die linksrheinischen Gebiete für 20 Jahre von Frankreich zunächst besetzt, ab 1798 jedoch administrativ voll integriert, d.h. auch der französischen Gesetzgebung – die eben keinen Adel mehr kannte – unterworfen. Jakobinern, die nicht nur in Paris, sondern etwa auch in Straßburg und in der Armee 1793/94 eine große Rolle spielten, waren Adelige grundsätzlich verdächtig. Deshalb flohen die meisten über den Rhein und suchten Aufnahme an Höfen oder bei Verwandten. Oft lebten sie dort mehr schlecht als recht, denn ihre Güter wurden verstaatlicht. Wenngleich Napoleon 1802 versprach, zurückkehrenden Emigranten ihren Besitz zurückzugeben, soweit dieser nicht inzwischen verkauft worden war, blieb insbesondere die Pfalz ein im Grunde «adelloses» Gebiet.

Auch rechtsrheinisch bahnten sich tiefgreifende Veränderungen an. Nachdem 1791 Karl Alexander seine Markgrafschaften Ansbach und Bayreuth gegen eine jährliche Leibrente von 300000 fl. an seinen Verwandten Friedrich Wilhelm II. übertragen hatte, wirkte dort der aus altem kurhannoverschem Geschlecht stammende Karl August Frhr. v. Hardenberg quasi als Vizekönig. Bei der Angliederung der Fürstentümer an Preußen nahm er keine Rücksicht auf die regionalen Traditionen, sondern zwang auch benachbarte, von den Fürstentümern allenfalls lehensabhängige Reichsritter unter die preußische Landesherrschaft. Diese Vorgänge bildeten den Auftakt zu Übergriffen anderer Territorialherren, die 1805/06 zur Mediatisierung der Reichsritterschaft und zur Auflösung von deren Korporationen führten. Die Reichsritter waren nicht die einzigen Opfer des Verfassungs(um)bruchs, der 1806 mit dem Ende des Reichs seinen Höhepunkt erlebte. Schon seit 1803 waren, was v.a. den Stiftsadel traf, fast alle geistlichen Reichsstände – damit praktisch die (katholische) adelige Reichskirche – ebenso verschwunden wie eine Vielzahl von Reichsgrafschaften und kleinen Fürstentümern. Diejenigen, welche überlebten, hatten dies u.a. den persönlichen Qualitäten ihrer Herrscher zu verdanken (wie Lippe seiner Fürstin Pauline) oder deren Beziehungen zur Familie Napoleons (wie Hohenzollern-Hechingen und -Sigmaringen). Die Masse gerade der katholisch-oberschwäbischen Standesherren, von König Friedrich I. gedemütigt und zwangsverpflichtet, stand indes seither in Opposition zum württembergischen Staat.

Die ständigen Kriege brachten erhöhte Abgaben, Requisitionen, Verwüstungen und Enteignungen mit sich. Verluste an Anwartschaften, Ämtern, Steuer- und anderen Privilegien waren auch eine Folge der Reformen, welche vor allem größere Rheinbundstaaten durchsetzten, um ihre Macht zu stärken und ihre Existenz zu sichern. All das traf viele Adelige schwer und verunsicherte alle. Natürlich gab es große individuelle und landesspezifische Unterschiede, zumal etwa das Königreich Hannover ab 1813 erst einmal fast alle Reformen rückgängig machte. Gewinner waren jene, die als Spitzenbeamte ihren Einfluss und oft auch ihr Vermögen erweiterten, und die wenigen Familien, die gewillt und reich genug waren, sich durch umfangreiche Käufe von Säkularisationsgut langfristig weiter zu bereichern. Die ohnehin bedeutende vermögensmäßige Heterogenität des Adels nahm also weiter zu. Dramatisch für den Adelsstand war, dass damit seine traditionellen legitimatorischen Grundlagen als Mittler zwischen Thron und Volk erodierten. Dass seine Herrschaft über Land und Leute zunehmend eingeschränkt wurde, könnte man noch als eine schrittweise Umstellung ansehen, sofern eine andere Begründung, etwa seine Verdienste um den Staat, die herausgehobene Position des Adels in der Gesellschaft im Gegenzug absicherte. Aber mit dem seit der Aufklärung in den Vordergrund tretenden meritokratischen Prinzip ließ sich wohl ein Personaladel, aber nur schwerlich ein Erbadel begründen. Ihn bezeichnete schon Kant in seiner «Metaphysik der Sitten» 1797 als bloßes «Gedankending»!

Der Wandel von der Stände- zur Klassengesellschaft, wo das soziale Ansehen nicht mehr primär von der Herkunft, sondern von Einkommen und Vermögen abhing, zeitigte Tendenzen zur Bildung einer «Notabeln»-Elite. Aber verglichen mit England oder Frankreich blieben die Verflechtungen zwischen Adel und Großbürgertum in Deutschland gering, vielleicht am wenigsten in Sachsen. Vielmehr pflegte der alte Adel nach 1815 sein Standesethos, bestimmte Werte und Verhaltensweisen, durch eine neue Welle historischer Selbstvergewisserung. Gleichzeitig freilich passten sich viele Adelige dem Wandel durch Integration in die immer zahlreicheren Funktionseliten an. Von Staats wegen aber war der Adel rechtlich definiert – und damit konnte niemand mehr durch Verarmung aus ihm «herausfallen». Bayern erstellte 1808 sogar eine Matrikel, für die sämtliche Adelsfamilien des Landes die Berechtigung ihres Titels nachweisen mussten, um diesen, nach Zahlung einer gewissen Gebühr, behalten zu dürfen. Eine derartige «Adelspurifikation» mochte Zweifel an der Legitimität mancher Titelführungen ausräumen und somit den Rechtsstatus des Adelsstandes formal sichern. Aber das Problem, dass auch verarmte Adelige, die nicht standesgemäß zu leben vermochten und keinesfalls durch besondere Leistungen für Staat und Gesellschaft hervorgetreten waren, noch an gewissen Vorrechten partizipierten, war damit nicht ausgeräumt. Gerade weil die Deutsche Bundesakte (1815) auch dem nichtstandesherrlichen Adel noch eine Reihe von Privilegien zusprach (Freizügigkeit im Bundesgebiet, Garantie von Familienverträgen, «Antheil der Begüterten an Landstandschaft, Patrimonial- und Forstgerichtsbarkeit, Ortspolizei, Kirchenpatronat und der privilegirte Gerichtsstand»), wurde dieses Problem daher im Vormärz im Rahmen einer Adelsreform-Diskussion immer wieder aufgeworfen. Es stand auch im Hintergrund, als 1848 erstmals eine deutsche Revolutionsbewegung die verbliebenen Adelsvorrechte, ja die Existenz des gesamten Standes in Frage stellte.

5. Die Revolution von 1848/49

«Heute soll hier die Revolution losgehen, so heißt es schon seit ein paar Monaten, ich weiß aber eigentlich nicht warum, sie müßten sich denn extra einen Grund backen, ich glaube aber bis jetzt noch nicht dran; es könnte doch auch den Herrn Proletariern schlecht bekommen, denn täglich zieht mehr Militär zusammen; und wir wollen sehen! Die Welt kommt mir nur gar nicht krawallerig, sondern vielmehr schläfrig vor.» Die distanzierte, verständnislose Haltung, mit der Anna von Arnim im Juli 1848 aus Berlin berichtete, dürfte der Einstellung der Mehrheit des deutschen Adels zu den Revolutionen von 1848/49 entsprochen haben. In den meist nur vagen und marginalen adeligen Erinnerungen an die umstürzlerischen Jahre dominiert die Sympathie für die jeweiligen Landesherrscher, die nach Meinung der Autoren viel zu lasch auf die Aufrührer reagiert hatten. Von Verständnis für die Forderungen der Revolutionäre ist nur selten die Rede. Ein Großteil der Adeligen dürfte sich von den Ereignissen bedroht gefühlt haben.

Die Furcht war durchaus begründet. Viele Programmpunkte der Revolution zielten direkt oder zumindest indirekt auch auf die Beseitigung adeliger Privilegien. So gehörte die endgültige Ablösung grundherrlicher Rechte zu den revolutionären Forderungen. Debattiert wurde über die Ausgestaltung des erhofften deutschen Nationalstaats als Republik oder konstitutionelle Monarchie. Sogar die zukünftige rechtliche Stellung des Adelsstands in seiner Gesamtheit stand zur Disposition. Schon der Offenburger Forderungskatalog, den führende südwestdeutsche Liberale im September 1847 verabschiedeten, hatte in Artikel 13 die «Abschaffung aller Vorrechte» verlangt. Weitere revolutionäre Programmpunkte wie etwa der Ruf nach einer «volksthümlichen Wehrverfassung» oder nach der Wahl der Offiziere bedrohten zumindest indirekt den privilegierten Zugang zu angestammten adeligen Berufsfeldern.

Nicht nur der Adel dürfte vom anfänglich raschen Siegeszug der Revolutionen seit dem Frühjahr 1848 überrascht gewesen sein. Im März waren nach heftigen Barrikadenkämpfen sogar die mächtigen Dynastien in Berlin und Wien dem Druck der Straße gewichen und hatten liberale Märzregierungen installiert. Ein Vorparlament in Frankfurt bereitete demokratische Wahlen für ein künftiges Revolutionsparlament vor, das in Frankfurt eine Verfassung für einen deutschen Nationalstaat erarbeiten sollte. Im Mai 1848 konnte die deutsche Nationalversammlung tatsächlich ihre Arbeit aufnehmen. Auch in vielen Ländern des Deutschen Bundes berieten gewählte Revolutionsparlamente über die zukünftige Ausgestaltung der Regierungssysteme. Obwohl sich schon im Sommer 1848 abzuzeichnen begann, dass im Falle militärischer Auseinandersetzungen die alten Mächte die Oberhand behielten, nährten die Neuerungen im revolutionären Lager die Hoffnung auf eine von oben und unten getragene radikale Reform der bestehenden Verhältnisse.

Die revolutionär anmutenden Veränderungen waren durch Agrarrevolten im Frühjahr 1848 befeuert worden, die sich dezidiert gegen die verschleppte Ablösung adeliger Herrschaft richteten. Als «Bauernbefreiung» gefeierte Ablösungsregelungen grundherrlicher Rechte waren zwar schon lange zuvor auf dem Gesetzeswege unter dem Einfluss der Französischen Revolution in den Ländern des Rheinbundes, aber auch in Preußen verordnet worden. Doch insbesondere in den ehemaligen Territorien des unmittelbaren Reichsadels hatten sich die adeligen Herren nicht sehr damit beeilt, das neue Recht umzusetzen. So lebten beispielsweise im Königreich Württemberg und im Großherzogtum Baden zur Revolutionszeit rund 25% bzw. 33% der Bevölkerung in Herrschaftsverbänden, in denen sie der Landesherrschaft, aber auch noch immer in gewissem Maße einer Grundherrschaft unterworfen waren, die als Unterlandesherrschaft bezeichnet worden ist. Unterstützt von einem adelskritisch eingestellten bürgerlichen Staatsbeamtentum, vermehrten sich die Konflikte zwischen Bauern und ihren adeligen Grundherren schon im Vormärz beträchtlich. Mit Beginn der Revolutionen entluden sie sich in Plünderungen und brennenden Schlössern.

Auch in den sonstigen Territorien des Deutschen Bundes, etwa in Nassau, drängten aufrührerische Bauern auf die möglichst entschädigungslose Beseitigung der überlebten Feudalabgaben. Die Neuverteilung von Gemeindeland wurde gefordert. Die verbliebenen Dienste für die früheren Herren sollten abgeschafft werden. Selbst das adelige Patronat über Kirchen und Schulen stand nun in Frage. Auf die Unruhen reagierten die revolutionären Landtage in der Regel relativ rasch und umfassend mit Gesetzen zur endgültigen Abschaffung grundherrschaftlicher Lasten.

Im August 1848 stand in der Frankfurter Nationalversammlung schließlich die zukünftige Stellung des Adelsstands in der geplanten konstitutionellen Monarchie zur Disposition. Ein Antrag der republikanischen bzw. radikaldemokratischen Minderheit, den Adel abzuschaffen, fand vorderhand keine Zustimmung. Die Debatten der Paulskirche sind jedoch dazu geeignet, die Haltung der Adelskritiker wie die Argumentationsmuster der Adelsbefürworter zu verdeutlichen. Die Adelsgegner betonten, dass allein die Aufhebung rechtlicher Privilegien nicht die gesellschaftliche Vorrangstellung des Adels beseitige. «Wenn Sie heute die Standesprivilegien aufheben, den Adel aber fortbestehen lassen», formulierte fast beschwörend der württembergische Abgeordnete und gemäßigte Linke Moritz Mohl, «so bleibt er mit diesem Fortbestehen eine abgeschlossene Kaste; es bleibt seine Familienabsonderung; es bleibt seine höhere gesellschaftliche Stellung; es bleibt sein Einfluß auf die Höfe, es bleibt sein staatlicher Einfluß.» Die Adelsverteidiger verwiesen dagegen auf das Recht jedes gesellschaftlichen Standes auf eine historisch verankerte Identität. «Wir setzen ja für einzelne Thaten Denkmäler», so Ludwig Lucas von Gombart, Richter und bayerischer Abgeordneter. «Wieder andere setzen dafür die lebendige Erinnerung in ein ganzes Geschlecht, das soll, solange es diesen Namen führt, an alle die großen Männer erinnern, die vielleicht aus diesem Geschlechte hervorgegangen sind. [...] Wenn wir Das festhalten, daß es nur ein Erinnerungszeichen ist, dann werden wir auch gar keinen Haß gegen den Adel haben. [...] Es ist aber auch, wenn der Adel in dem Gemüth fortlebt, ein Unrecht, wenn man ihn verletzt, und lebt er nicht mehr im Gemüthe fort, ist unter einem einzelnen Stamme oder in einer einzelnen Gegend kein Interesse für den Adel da, so wird er von selbst fallen.»

Die zweite Lesung des Paragraphen 137 im Dezember 1848 erbrachte eine knappe Mehrheit von acht Stimmen für die Formulierung: «Vor dem Gesetze gilt kein Unterschied der Stände. Der Adel als Stand ist aufgehoben.» Letztlich war die Formulierung nicht eindeutig. Der Mehrheit des Parlaments ging es wohl lediglich um die Abschaffung adeliger Privilegien. Ob der Paragraph eine rechtliche Grundlage auch dafür geboten hätte, eine als adelig erkennbare Namensführung zu verbieten, musste angesichts des Scheiterns der Revolution nicht erprobt werden.

Hatte die Dynamik der Revolution den gesamten Adel auf die Seite der Gegner getrieben? Das war offensichtlich nicht der Fall. Insbesondere in denjenigen Teilen Deutschlands, in denen sich der Adel nicht von einem politisch einflussreichen liberalen Bürgertum in die Defensive getrieben sah, gibt es auch Belege für einen gemäßigten Adelsliberalismus. Von den 809 Abgeordneten der Frankfurter Nationalversammlung gehörten immerhin 113 (14%) dem Adel an. Keineswegs alle waren dem konservativen Lager zuzurechnen, wenngleich sie sich dort häuften. So stellten beispielsweise Angehörige einer konservativ-liberalen Adelsfraktion in Frankfurt einen beachtlichen Anteil der ostpreußischen Mandate.

Insgesamt spalteten die deutschen Revolutionen also nicht nur das Bürgertum, sondern auch den Adel in divergierende politische Lager. Im liberalen Lager fanden sich vereinzelt durchaus adelige Vertreter einer konstitutionellen Monarchie, ja sogar Republik, auf der Basis einer Verfassung, die großes Gewicht auf Menschen- und Bürgerrechte legte. Hier ist vor allem auf den verfassungspatriotischen Liberalismus der süd- und südwestdeutschen Standesherren hinzuweisen. In ihrer eigenen ständischen Gruppierung allerdings eine Minderheit darstellend, setzten die Fürsten von Leiningen, Solms-Lich, Hohenlohe, Löwenstein-Wertheim, Wied und andere auf eine konstitutionelle Verfassung des zukünftigen Deutschlands, freilich ohne den Adel als politisch einflussreiche Elite und soziale Prestigegruppe in Frage stellen zu wollen.

Nicht selten schufen die Debatten um den einzuschlagenden politischen Weg neue Trennlinien innerhalb von Adelsgeschlechtern und einzelnen Familien. Bettina von Armin beispielsweise hatte mit ihrem viel beachteten Werk «Dies Buch gehört dem König» bereits 1843 radikale Reformen zur Lösung der bestehenden sozialen Probleme angemahnt. Wie ihre Tochter Maximiliane berichtet, sah man sich 1848 gezwungen, zwei Salons einzurichten, «einen demokratischen und einen aristokratischen. Links vom Saal in unseren Räumen empfingen wir unsere Freunde, rechts in ihren Zimmern Bettina ihre ‹edlen› Weltverbesserer».

Die Niederlage der Revolution traf adelige Radikale nicht weniger als bürgerliche. So bezahlte beispielsweise Wilhelm Adolf von Trützschler, radikaldemokratischer sächsischer Abgeordneter des Frankfurter Parlaments, seine Unterstützung der badischen Revolutionsregierung 1849 mit dem Tod. Nach der Niederschlagung der dortigen Revolution durch preußische Truppen wurde er in Mannheim standrechtlich erschossen. Auch dem preußischen Offizier und linken Abgeordneten der Zweiten Kammer der Preußischen Nationalversammlung Alfred Graf von Görtz-Wrisberg wurde 1849 sein Engagement für die badische Revolutionsregierung als Militärkommandant zum Schicksal. Nach dem Scheitern des dritten badischen Aufstands floh er zunächst in die Schweiz, dann wie viele andere radikale Revolutionäre in die USA.

Weniger folgenreich war das politische Engagement des Standesherrn Constantin von Waldburg-Zeil. Ursprünglich eher konservativ eingestellt, wandelte er sich im Laufe des Jahres 1848 zum Republikaner. Zwar trat er als linker Abgeordneter in Frankfurt nicht sonderlich hervor. Doch sein republikanisches Engagement brachte ihm in den Restaurationsjahren etlichen Ärger ein. Sein Status als Standesherr konnte nicht verhindern, dass er 1849 und 1850 zu Gefängnisstrafen wegen Beleidigung der Staatsgewalt und des württembergischen Königs verurteilt wurde. Erst 1856 schloss er mit seinem Monarchen wieder Frieden.

Jenseits solcher Beispiele republikanischer Begeisterung einzelner Adeliger war die Mehrheit gerade des preußischen Adels jedoch auf der Seite der Gegenrevolution zu finden. Die adeligen Revolutionsfeinde nutzten ihre traditionellen Netzwerke, ihre starke Stellung am Hof, im Militär, in der Beamtenschaft und in den Kirchen, um gegen die Revolution mobil zu machen. Gerade dadurch erwiesen sie sich als verlässliche Stütze der regierenden Fürstenhäuser, und diese dankten ihnen ihre Loyalität in der anschließenden Restaurationsphase.

Insgesamt führten die Niederlage der Revolutionsbewegungen und die restaurative Politik der Großmächte im Deutschen Bund – trotz der Ablösung bzw. Beseitigung feudaler Verhältnisse – zu einer Stabilisierung, wenn nicht gar Erneuerung ständischer Strukturen. Dies lässt sich am Beispiel Preußens bestens veranschaulichen. Hier wurden zwischen 1851 und 1876 wieder nach Ständen organisierte Provinziallandtage abgehalten. Seit 1853/56 galten dort erneut die alten Landgemeindeordnungen. Sie privilegierten die Vertreter des Großgrundbesitzes auf den Kreistagen und gaben ihnen das Recht zurück, die Dorfschulzen zu ernennen. 1854 wurde die mit der Verfassung von 1848 eingeführte Erste Kammer des Landtages aufgelöst, deren Mitglieder mit Hilfe einer Zensuswahl ermittelt worden waren. Stattdessen wurde das preußische Herrenhaus eingerichtet, dessen Mitglieder ausschließlich vom König bestimmt wurden. Bis 1918 dominierte dort der alte, landsässige, gutsbesitzende Adel.

6. Das Wilhelminische Kaiserreich

Fast 65 Jahre vergingen zwischen dem Ende des Heiligen Römischen Reiches und der Gründung des Wilhelminischen Kaiserreiches 1871. Mehr als ein halbes Jahrhundert hatte Landesfürsten, Adel und Bürger die Frage beschäftigt, wie aus dem losen Bündnis der Territorien im Deutschen Bund ein neues Reich, nun im Gewand eines Nationalstaats, entstehen könne. Als sich in der Folge dreier gewonnener Kriege der preußische König Wilhelm I. am 18. Januar 1871 im Versailler Spiegelsaal zum Deutschen Kaiser des – unter Ausschluss von Österreich –

gegründeten Deutschen Reiches ausrufen ließ, schienen die Hoffnungen der Masse der Bevölkerung wie der adeligen Elite endgültig erfüllt. Günstig dünkten dem Adel die Konstruktion des neuen Reiches als Bund der deutschen Fürsten und die Vormachtstellung Preußens mit seinen adelsfreundlichen Traditionen. Auch der extrakonstitutionelle Status des Militärs im neuen Staat wie dessen hohe Anerkennung, der bleibende Bestand zahlreicher Privilegien und rechtlichen Sonderregelungen sowie die adelsfreundliche Politik eines Kaisers mit großem politischen Spielraum versprachen dem Adel eine neue Blüte. Der neu gegründete monarchische Nationalstaat bot mit seinem Kaiserhof dem Adel endlich wieder ein «eigenes» höfisches Zentrum von europäischem Rang, das militärische und diplomatische Karrieren und Chancen in staatlichen Ämterlaufbahnen versprach. Die Epoche des Wilhelminischen Kaiserreiches stellt aber auch denjenigen Zeitraum dar, in dem die Industrialisierung und Urbanisierung Deutschland in zuvor ungeahnter Dynamik zu einem modernen Industriestaat formten. Adelige Selbstbehauptung und Entfaltung sahen sich zunehmend mit bürgerlichem Aufstiegswillen konfrontiert. Nicht nur bei der Besetzung angestrebter Ämter schien der Bezug auf adelige Geburtsprivilegien nicht mehr ausreichend, um bürgerliche Konkurrenz abwehren zu können. In der politischen Sphäre standen traditionell vom Adel besetzte Ämter zur Disposition, und auf dem Wirtschaftssektor, in der Landwirtschaft und Industrie, waren Verteilungskämpfe auszufechten. Die Forschung ist sich daher nicht einig, ob der Adel in der Epoche des Wilhelminischen Kaiserreiches eine letzte Hochphase erlebte oder sich sein zukünftiger Niedergang bereits abzuzeichnen begann. Je nach Perspektive und Handlungsfeld stimmen vermutlich beide Einschätzungen.

Dies lässt sich an einem der traditionellen adeligen Betätigungsfelder, der Landwirtschaft, veranschaulichen. Während des gesamten 19. Jahrhunderts scheint es einem (kleinen) Teil des Adels gelungen zu sein, seine Landgüter nicht nur zu behaupten, sondern auch zu vergrößern. Es kam zur Bildung von beachtlichem Großgrundbesitz, der sich allerdings regional recht unterschiedlich verteilte. Im Süden und Südwesten des Reiches waren die Güter in der Regel klein, und nicht selten verpachtete hier der Adel seinen Besitz. Am stärksten prägte der (adelige) Großgrundbesitz den ostelbischen Raum. In Schlesien beispielsweise wurden noch 1925 53 Güter mit mehr als 5000 ha, 23 Latifundien mit sogar mehr als 10 000 ha registriert, die meisten davon in adeliger Hand. Seit der zweiten Hälfte des 19. Jahrhunderts nahmen zudem auch in Preußen die Bestrebungen zu, über Fideikommissverträge die Güter übergenerationell zu schützen. Um 1890 waren immerhin über 3,2 Mill. ha bzw. knapp 7% des deutschen Staatsgebiets in Fideikommissen gebunden. Noch am Ende des Wilhelminischen Kaiserreiches betrafen die tradierten Schutzregelungen des Adels ein Viertel bis ein Drittel des Großgrundbesitzes. Doch die althergebrachten agrarischen Wirtschafts-, Arbeits- und Lebensformen auf den adeligen Latifundien gerieten angesichts der sich in den 1870er Jahren ankündigenden und in den folgenden Jahrzehnten anhaltenden Strukturkrise der Landwirtschaft zunehmend unter Druck. Der «Junker», vor allem der altpreußische adelige Großgrundbesitzer, galt den bürgerlichen Kritikern als politisch und gesellschaftlich reaktionär, selten gebildet und als Hemmschuh der Modernisierung des Deutschen Reiches. Anlass zu Ärger boten weiter die agrarische Schutzzollpolitik der Deutschkonservativen Partei, die sich an den Interessen des ostelbischen Großgrundbesitzes orientierte, und die allzu sichtbare Interessenpolitik des vom Adel dominierten Bundes der Landwirte seit den 1870er Jahren. Die agrarische Lobbypolitik sorgte für Subventionen, Steuererleichterungen und hohe Agrarpreise. Sie waren von der gesamten Bevölkerung zu zahlen, kamen letztlich aber vor allem dem (adeligen) Großgrundbesitz zugute. Zeitgenossen wie Max Weber deuteten die politischen Kampfmaßnahmen als Ausdruck der «Junkerklasse im Todeskampf». Zum Teil traf diese Interpretation auch zu. Insbesondere der schlecht wirtschaftende adelige Besitzer kleinerer Ländereien, der seine Güter nicht modernisierte, sondern eher verpachtete und einen Lebensstil pflegte, der das eigene Einkommen bei weitem übertraf, auf höfische Ämter pochte und stets seine adeligen Vorrechte betonte, schließlich gar seine Güter überschuldete und verarmte, war den bürgerlichen Beobachtern und Sozialreformern als drohendes Zerrbild und reales Anschauungsobjekt ein Dorn im Auge. Den adeligen Absteigern mit agrarischem Hintergrund standen jedoch eine Reihe gut geführter Latifundien gegenüber, deren (adelige) Besitzer ihre einflussreiche wirtschaftliche und gesellschaftliche Stellung bis zum Ende des Kaiserreiches sehr wohl behaupten konnten. Jenseits der Binnendifferenzierung des landbesitzenden Adels entwickelte sich der «Junker» zur beliebten Gestalt in den Karikaturen der liberalen und sozialdemokratischen Blätter. So legte der «Simplicissimus» 1897 einem Junker in den Mund: «Ja, in meiner Heimat baut man auch 'ne janz bedeutende Rübe. Man kann se zwar nich jenießen, aber fürs Jesinde eine janz vorzügliche Speise.»

Ein ähnlich heterogenes Bild zeigt sich, wenn die sonstigen Handlungsspielräume des Adels im Wilhelminischen Kaiserreich in den Blick genommen werden. Zunächst ist festzuhalten, dass die politische und kulturelle Welt der Höfe deutlich vom Adel dominiert wurde. Zwar mischten sich zunehmend bürgerliche Beamte und Gelehrte, Angehörige des Wirtschaftsbürgertums und angesehene Künstler in die ansonsten exklusiv adelige Hofgesellschaft. Ob sie tatsächlich als gleichrangig angesehen wurden, ist jedoch fraglich. Jenseits der feinen Unterschiede boten der Hof des Kaisers und preußischen Königs, die 21 weiteren Höfe der regierenden Landesfürsten und viele kleine Nebenhöfe dem Adel ein reiches Betätigungsfeld trotz aller Verbürgerlichungstendenzen der wilhelminischen Gesellschaft. Als Hofbeamte, Hofdamen, Erzieher und Erzieherinnen, Verwalter und Repräsentantinnen der von den Landesfürstinnen intensiv gepflegten Wohlfahrtsvereine nahmen Adelige teil und waren Bestandteil eines Hoftheaters, das vom aufsteigenden Bürgertum bewundernd beobachtet wurde. «Ich wurde, wie es Sitte ist, mit den neuen Ordensrittern zum Ordensfest ins Schloss geladen. Dieses Fest war einzigartig», so die Unternehmerin, Frauenrechtlerin und neue Inhaberin des Luisen-Ordens zweiter Klasse Hedwig Heyl. «Die Feste im Schloß waren Kunst- und Organisationsleistungen» für etwa 800 geladene Gäste. Viel ist in Hed-

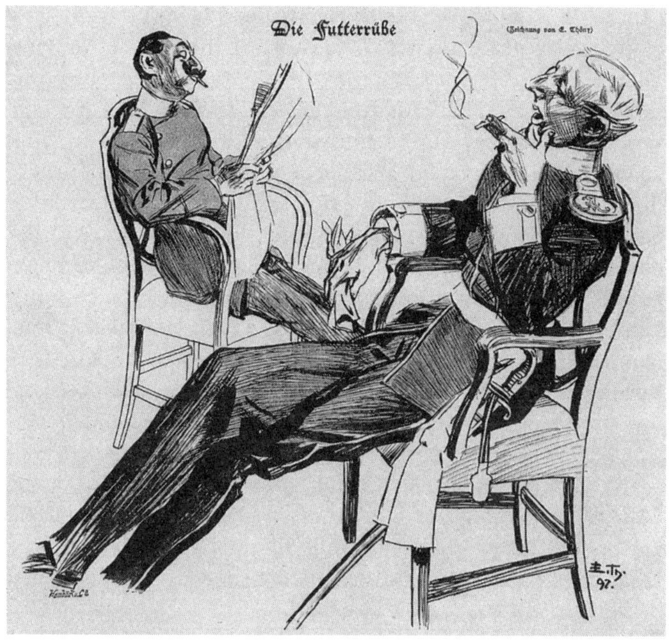

Zeichnung von Eduard Thöny aus der Zeitschrift «Simplicissimus», 1897 (Jg. 2), Heft 24, Seite 189: «Ja, in meiner Heimat baut man auch 'ne janz bedeutende Rübe. Man kann se zwar nich jenießen, aber fürs Jesinde eine janz vorzügliche Speise.»

wig Heyls Erinnerungen von «hohen Herren», «feierlichem Zuge» und festlichem Zeremoniell die Rede. «An den Seiten des Altars, vor dem das Kaiserpaar Platz genommen hatte, standen die Ritter des Schwarzen und Roten Adlerordens und des Ordens Pour-le-Mérite, bekleidet mit ihren wallenden, samtenen Ordensmänteln. Dieses Bild wirkte einzig in seiner eindrucksvollen Größe: die greisen Vertreter alter Geschlechter, Hünengestalten und Charakterköpfe [...]. Einfach und schlicht sprach Hofprediger Dryander über [...] ‹Du aber bleibe in dem, das du gelernt hast und dir vertraut ist›.»

Auch das Militär des Kaiserreiches bot Chancen für standesgemäße Karrieren mit hoher Reputation. In den sog. Reichseinigungskriegen hatten sich die preußische Armee und ihre mehrheitlich adeligen Offiziere großes Ansehen erworben. Ihre Strukturen galten außerhalb Preußens als vorbildhaft für militärische Modernisierungsbemühungen. Im Kaiserreich selbst avancierte die Armee zur «Schule der Nation», und der Habitus des adeligen Offiziers entwickelte sich zum Leitbild auch im zivilen Leben. Der Glanz des adeligen Kriegers trug dazu bei, das Prestige des Adels als Stand zu stabilisieren, wenn nicht gar zu erhöhen. Dennoch sah sich der adelige Offizier auch innerhalb des Militärs zunehmend mit bürgerlicher Konkurrenz konfrontiert. Zwar konnte sich der Adel in seinen militärischen Kernbereichen, in der Garde und der Kavallerie, noch behaupten, in moderneren Militärsparten sah dies jedoch anders aus. Vor Beginn des Ersten Weltkriegs dienten rd. 8000 Adelige als aktive Offiziere. Sie stellten damit «nur noch» knapp 30% des Offizierskorps. Insbesondere in höhere Offiziersränge und in die Generalität drang das Bürgertum allerdings nur langsam ein. Doch auch hier begann sich abzuzeichnen, dass man auf Dauer nicht mehr unter sich bleiben würde.

Jenseits des Hofes und des militärischen Dienstes bot das Parlament des neuen monarchischen Nationalstaats eine Bühne für adeliges politisches Engagement. Ohnehin in den ersten Kammern der Länderparlamente oder im preußischen Abgeordnetenhaus bestens vertreten, eroberte der Adel eine beachtliche Zahl von Mandaten bei den demokratischen Wahlen zum Reichstag. 1871 stellten sie 40% der Abgeordneten, 1890 waren es noch immer 31%. Dies ist umso bemerkenswerter, als es sich bei den Reichstagswahlen erstmals um Wahlen handelte, an denen alle männlichen Staatsbürger mit gleichem Stimmrecht teilnehmen konnten. In den ersten Jahren nach der Reichsgründung übernahmen katholische Adelige Mandate der frisch gegründeten Zentrumspartei. In der anfangs reformorientierten freikonservativen Reichspartei übten wohlhabende Standesherren einen nicht unbeträchtlichen Einfluss aus. Doch im Zuge des industrialisierungsbedingten sozialen Wandels wanderten viele Adelige politisch dem konservativen Lager zu. In dem

Maße, in dem sich seit den 1890er Jahren die politischen Parteien von Honoratioren- zu modernen Massenparteien entwickelten, begann sich der adelige Einfluss im Reichstag schließlich zu verringern.

Erstaunlich gut gestaltete sich die Zusammenarbeit zwischen Adel und Bürgertum in den Wohlfahrtsvereinen, die vom weiblichen Engagement getragen wurden. Ein Beispiel liefert der besonders wirkmächtige Badische Frauenverein. Auf Initiative der badischen Großherzogin Luise anlässlich des «Italienischen Krieges» 1859 entstanden und neu belebt in den Kriegen von 1866 und 1870/71, entwickelte sich der Verein unter der Schirmherrschaft der Fürstin zum bedeutenden Wohlfahrtsverein mit vielfältigen Betätigungsfeldern in der Kinder- und Armenfürsorge, Krankenpflege, Mädchenbildung und Arbeitsbeschaffung für Frauen. Gezielte Mitgliederwerbungen, gemeinsame Bemühungen der äußerst engagierten Landesmutter mit staatlichen Behörden, Repräsentanten der Kirchen und der adeligen bzw. bürgerlichen Honoratiorenschaft vor Ort sorgten für einen eindrucksvollen Ausbau der Organisation. Der Vereinsstatistik zufolge besaß 1910 jede vierte badische Gemeinde eine Zweigniederlassung. 1908 gehörte jede sechste erwachsene Einwohnerin Badens einer Unterorganisation des Badischen Frauenvereins an. Selbstverständlich standen vor allem adelige Damen an der Spitze des Vereins, dessen Mitglieder hauptsächlich dem Bürgertum zuzurechnen waren. Neben der Landesfürstin als Vorsitzenden gehörten dem Centralcomite, das den Verein leitete, drei Repräsentantinnen des badischen Adels an. Bei dem vierten weiblichen Mitglied handelte es sich um eine Bürgerin, die Ehefrau eines Offiziers, und in der Ausgestaltung der weiblichen «Liebestätigkeit» vor Ort arbeiteten adelige Damen und Bürgerinnen neben- und miteinander. Solche konkurrenzfreien Aktionsfelder waren beim Mit- bzw. vielmehr Gegeneinander von männlichen Adeligen und Bürgern seltener.

Welche Beschäftigungen und Erwerbsarten blieben den männlichen Angehörigen des Adels, wenn das Landgut nicht mehr genügend abwarf, um alle Nachkommen zu unterstützen, oder gar verkauft werden musste, wenn auch der Einstieg in

Militär-, Politik- und Hofkarrieren nicht gelang? Von drohender Adelsarmut war damals viel die Rede. Denn vor allem derjenige Teil des Adels, dessen materielle Ressourcen besonders begrenzt waren, zeigte besondere Abneigung gegen die Übernahme nicht standesgemäßer Berufe. Wie sollte der eigene Stand noch sichtbar bleiben, wenn er in Lebensweise und Berufsarbeit nicht mehr erkennbar war? Als Interessenvertretung vor allem des ostelbischen Adels formierte sich die Deutsche Adelsgenossenschaft (DAG). In ihrem Presseorgan, dem Deutschen Adelsblatt, polemisierten adelige Autoren gegen jedwede Zusammenarbeit mit dem Bürgertum. Die Entwicklungen der Moderne in Wirtschaft, Kunst und Kultur wurden verächtlich beobachtet. Schließlich fand im Adelsblatt auch der in den letzten Jahrzehnten des Kaiserreiches stark anwachsende Antisemitismus Eingang. Der reiche Hof- und Hochadel wurde angegriffen, weil er angeblich mit dem (jüdischen) Wirtschaftsbürgertum fraternisierte. Seltene jüdisch-adelige Heiratsverbindungen dienten als Anschauungsmaterial für das Gespenst der drohenden «Verjudung des Adels». Aus dem Kreis der adeligen Modernisierungsverlierer fanden nicht wenige Zugang zu den neuen rechten Bewegungen, die sich seit den 1890er Jahren formierten. Hauptsächlich dieser Gruppierung, wenn nicht gar dem Adelsstand als solchem, wird daher in den historischen Debatten um die Entwicklung und den Charakter des Wilhelminischen Kaiserreiches zugeschrieben, dass sich der junge Nationalstaat nicht weiter demokratisierte, sondern gegen bürgerliche Modernisierungs- und Reformbewegungen wie gegen die nachdrängenden Arbeiterbewegungen Barrieren errichtete.

7. Die Revolution von 1918 und die Weimarer Republik

Die Ausrufung der Republik am 9. November 1918 und die Abdankung des Kaisers sowie der sonstigen regierenden Fürsten stellten für die geschätzten 60 000–100 000 deutschen Adeligen eine Zäsur bislang unbekannten Ausmaßes dar. Ohne Übergangsphase verschwanden die Höfe als räumliche Kristallisationspunkte politischer Macht, gesellschaftlichen Netzwerkens und adeliger Berufsfelder. Mit der Einführung des allgemeinen Wahlrechts für Männer und Frauen waren auch die politischen Privilegien verloren, die beispielsweise das preußische Dreiklassenwahlrecht gewährt hatte. Die 1919 verabschiedete Weimarer Verfassung beseitigte alle ständischen Vorrechte. Sie lieferte die Grundlage für die Abschaffung von adelsfreundlichen Sonderbestimmungen beispielsweise im Erb- und Vermögensrecht. Auch etliche Regelungen des Versailler Friedensvertrags waren dazu angetan, die Adelskrise zu verstärken. So musste sich die der Weimarer Republik verordnete Reduktion des Militärs auf 100 000 Mann für den Adel negativ auswirken, stellte die Armee doch in ihren Führungsrängen ein beliebtes adeliges Berufsfeld dar. Die Gebietsverluste und veränderten Grenzziehungen im Osten des Deutschen Reiches bedrohten adeligen Großgrundbesitz. Und die Zerschlagung Österreich-Ungarns zwang viele süddeutsche Adelige mit Gütern in Böhmen, Mähren und Ungarn zum Verzicht auf dortige Herrenrechte. Mitunter reagierten sie mehr oder weniger freiwillig mit dem Verkauf ihrer dortigen Ländereien. Die Dauerkrise der Landwirtschaft, die Folgen von Inflation und Wirtschaftskrise trugen in den 1920er und frühen 30er Jahren verstärkend dazu bei, den Adel vor allem in Ostelbien in seiner Wirtschaftskraft zu schwächen.

Vor dem Hintergrund der knapp umrissenen radikalen politischen und gesellschaftlichen Veränderungen, die dem Zusammenbruch des Wilhelminischen Kaiserreiches folgten, ist es nicht verwunderlich, dass der Adel die Weimarer Republik nicht euphorisch begrüßte. Diese ihrer ständischen Privilegien entkleidete Gruppierung musste ihren gesellschaftlichen Standort grundlegend neu bestimmen. Zu klären war nicht nur die prinzipielle Haltung zu Demokratie und Republik. Zu (er-)finden war eine neue Basis für das eigene Selbstverständnis als soziale Elite- und Prestigegruppe. Nicht zuletzt mussten neue Berufsfelder und Einkommensmöglichkeiten erprobt werden, sollten die veränderten gesellschaftlichen Bedingungen nicht zum sozialen Abstieg eines Teils des Adels, wenn nicht gar des Adels in seiner Gesamtheit führen.

Wirtschaftlich, so lässt sich für die wenigen Jahre der Weimarer Republik beobachten, misslang einem Großteil der Adeligen der Einstieg in den demokratischen Staat. Doch diese Feststellung trifft gleichermaßen auf die große Mehrheit der nichtadeligen Bevölkerung Deutschlands zu. Insgesamt stellt sich die wirtschaftliche Lage des Adels zu dieser Zeit äußerst heterogen dar. Kluften zwischen Arm und Reich, Etabliert und Abstiegsgefährdet durchzogen Adelsgeschlechter und adelige Kleinfamilien. Dem stark verkleinerten Teil adeliger Berufsoffiziere standen rund 9300 adelige, nun entlassene Kriegsoffiziere gegenüber. Der Erste Weltkrieg hatte ihre Ausbildungs- und Berufslaufbahnen unterbrochen, ihre im Krieg erworbenen Offiziersgrade hatten keine Bedeutung mehr, und der Einstieg in angemessene bürgerliche Berufe fiel schwer. Charakteristisch ist die Unsicherheit, die aus den Erinnerungen Hauptmann Hans-Jürgen v. Arnims spricht: «Wer konnte, sah sich nach etwas anderem um; ging auf das elterliche Gut und wurde Landwirt, andere, wie v. Witzleben und v. Pentz, v. Schick oder v. Keyerlingk kamen durch Bekannte in der Industrie unter. Ich machte immer noch demobil, nahm aber abends Unterricht in Stenographie, um nicht ganz ohne was dazustehen, da ich, immer an der Front, keine Gelegenheit zu Bekanntschaften in der Industrie pp [etc.] gehabt hatte.» Adelige Großgrundbesitzer besaßen nicht selten jüngere, nicht erbende Brüder, für deren Unterhalt die familiären Mittel nicht mehr auszureichen schienen. In ihren angestammten außermilitärischen Berufsfeldern – Verwaltung, Diplomatie, Justiz – sahen sie sich einer wachsenden bürgerlichen Konkurrenz gegenüber. Charakteristisch für das Bild, das der Adel in der Krise von sich selbst entwarf und das von den beobachtenden Zeitgenossen gerne aufgegriffen wurde, mag der Typus der adeligen unverheirateten Dame sein, die ohne entsprechende Ausbildung und standesgemäße Berufsmöglichkeiten auf ein wirtschaftlich selbständiges Leben nicht vorbereitet war. Als ledige Schwestern und Tanten oder Witwen verbrachten sie ein beengtes Leben in den verbliebenen Damenstiften, kärglichen Stadtwohnungen oder im Nebenflügel eines Gutshauses. Insgesamt gelang es wohl nur einem kleinen

Teil des Adels, sich in seinen angestammten Berufsfeldern von neuem zu etablieren oder in diesen ihren Status zu bewahren. Ihnen stand der wachsende Anteil abstiegsgefährdeter Adeliger gegenüber. Sie wurden in den zeitgenössischen Debatten gerne als «Adelsproletariat» bezeichnet.

Nicht nur wirtschaftlich, sondern auch politisch kam die Mehrheit des Adels nicht in der Demokratie an. Angesichts der politischen und gesellschaftlichen Bedrohungen, denen sich der Adel nach Kriegsende ausgesetzt sah, nimmt es nicht wunder, dass sich der ehemals privilegierte Stand in seiner übergroßen Mehrheit dem Lager der Republikfeinde anschloss. Schon das abrupte Ende des Kaiserreiches, die aus adeliger Perspektive ehrenrührige, schmachvolle Flucht Kaiser Wilhelms II., bot Chancen zur antirepublikanischen Mythenbildung der Dolchstoßlegende. Wie hätte ein Heer unter seiner zumeist adeligen Führung weiter erfolgreich kämpfen sollen, wenn sein oberster Kriegsherr, von der Sozialdemokratie zum Abdanken gezwungen, die Flucht ergriff? Dass die erste demokratisch gewählte deutsche Regierung scheinbar widerspruchslos das harte Friedensdiktat des Versailler Vertrags unterzeichnete, wurde als Verrat an Deutschland und der Führungselite des Kaiserreiches gewertet. Ein Teil der kriegsentlassenen adeligen Offiziere ließ sich in den frühen Jahren der Weimarer Republik auf Abenteuer in den paramilitärischen Freikorps und Wehrverbänden ein. Zu den Repräsentanten dieses Teils des Adels gehörte beispielsweise Dietrich von Jagow, Abkömmling eines altmärkischen Adelsgeschlechts. Nach dem Abitur war er 1912 in die kaiserliche Marine eingetreten, in der er bei Kriegsende die Position eines Oberleutnants zur See einnahm. Als Mitglied der 2. Marinebrigade Ehrhardt war er 1919 an den sogenannten Grenzlandkämpfen und 1920 am Kapp-Putsch beteiligt. Aus der Reichsarmee ausgeschieden, suchte und fand er den Anschluss an die NSDAP und SA, die rechtsterroristische Organisation Consul und später an den Wiking-Bund. Weitere «Karriere»-Stufen stellten die Mitgliedschaft im Stahlhelm (1927) und im Württembergischen Heimatschutz (1928), der erneute Eintritt in die NSDAP (1929 nach einem Austritt 1923) und die Übernahme eines Reichstagsmandats für die Partei 1932 dar. Eine solch konsequente Bereitschaft zur bewaffneten Bekämpfung der Republik war jedoch für die Mehrheit der adeligen Republikgegner nicht charakteristisch.

Eine Reihe adeliger Angehöriger des vormals kaiserlichen Militärs gliederte sich nach anfänglichem Zögern in die Reichswehr der Republik ein. Knapp 900 Adelige konnten als Mitglieder des 4000 Mann umfassenden Offizierskorps der Reichswehr bald wieder bedeutende Funktionen übernehmen, zumeist ohne dass dies ihre grundsätzlich ablehnende Haltung zur Republik beeinflusst hätte. Nicht wenige des landbesitzenden preußischen Adels zogen sich auf ihre Landgüter im Osten zurück. Fern von den abgelehnten urbanen Zentren der Moderne suchte man den altangestammten Lebensstil weiter zu pflegen. Vor Ort verteidigte man vehement den traditionellen Einfluss auf die ländliche Gesellschaft und rang um den Erhalt des überlieferten sozialen Prestiges in exklusiver homogener Geselligkeit. Vor allem die ostelbischen Großgrundbesitzer und ihre durchorganisierten Interessenverbände machten nicht nur in der Agrarpolitik Front gegen Weimar.

Eine Reihe von adeligen republikfeindlichen Organisationen zeugt davon, dass sich auch die sonstige republikfeindliche Adelsopposition darum bemühte, Netzwerke für die, in ihren Augen hoffentlich bald, durchzusetzende Rückkehr zur Monarchie zu knüpfen. Im Deutschen Herrenklub, gegründet 1924/25, der sich als überparteiliche, vom Parlamentarismus unabhängige «Führersammlung» verstand, machte der Adel einen beträchtlichen Anteil der Mitglieder aus. Die Deutsche Adelsgenossenschaft, inzwischen der größte und einflussreichste Verband des Adels, betrieb nicht nur standesinterne Hilfe, sondern auch kontinuierlich antirepublikanische Propaganda. Insbesondere die Jüngeren unter den aktiven Mitgliedern der DAG öffneten sich früh der nationalsozialistischen Bewegung.

Aber auch die parlamentarische Bühne verschmähten die Republikgegner nicht. Zwar ging in der ungeliebten Republik der Anteil der politischen Mandatsträger aus Adelskreisen sichtbar zurück. Zwischen 1919 und 1933 verringerte er sich auf Reichsebene auf 3–6%. Dabei blieb ein Großteil der adeligen Abgeordneten seiner angestammten politischen Ausrichtung seit dem Wilhelminischen Kaiserreich treu. Damals mehrheitlich Mitglied der Deutschkonservativen Partei, vertrat man nun die Deutschnationale Volkspartei, für die der Adel 1920 immerhin 10% der Reichstagsmandate innehatte. Abstiegsbedrohte unzufriedene Adelige, entlassene Militärs und junge Adelige, die für sich in der Republik keine Perspektive erkennen konnten, wanderten früh schon zur NSDAP ab und übernahmen auch NSDAP-Parlamentsmandate.

Jenseits der parlamentarischen Bühne stellten manche Adelige auch ihre Salons in den Dienst des Aufstiegs der Nationalsozialisten. Sie machten Hitler «salonfähig» und eröffneten ihm den Zugang zu finanzkräftigen, einflussreichen gesellschaftlichen Kreisen. Zu nennen ist hier beispielsweise der Salon Elsa Bruckmanns in München. Die Verlegersehefrau, die dem rumänischen Hochadel entstammte, vermittelte Hitler Kontakte zum Industriemagnaten Emil Kirdorf, der seinerseits Hitlers Verbindungen zu anderen Industriellen förderte. Auch die verwandtschaftlichen Kontakte Hermann Görings über seine dem Adel entstammende erste Ehefrau wurden strategisch zur Präsentation Hitlers und seines Programmes genutzt. Seit den späten 1920er Jahren entwickelte sich der Berliner Salon von Viktoria Auguste von Dirksen zur Kontaktstelle zwischen der alten adeligen Gesellschaft und den Nationalsozialisten. Rührig im Netzwerkknüpfen für Nationalsozialisten erwies sich ferner Hermine Prinzessin von Reuß, die zweite Ehefrau des vormaligen deutschen Kaisers Wilhelm II.

Schließlich sollte nicht vergessen werden, dass seit 1925 die Weimarer Republik von einem adeligen Reichspräsidenten repräsentiert und über Notverordnungen zum Teil auch regiert wurde, der sich als dezidierter Gegner der Republik verstand. Angesichts der politischen Vorgespräche über seine mögliche Kandidatur schrieb der ostpreußische Gutsherr und ehemalige Feldmarschall Paul von Hindenburg 1925 an General August von Cramon: «Was nun die Präsidentenfrage betrifft, so würde ich den Posten unendlich ungern übernehmen. Mir widerstrebt es, an eine Stelle zu treten, die meinem Gefühl nach nur meinem Kaiser gebührt. Ich würde ferner nur mit Widerwillen unter einem Dache wohnen, auf dem vorläufig noch die schwarzrotgoldene Fahne weht. Mir wäre es außerdem höchst unangenehm, mit Leuten verkehren zu müssen, die mir zum guten Theil äußerst unsympathisch sein würden, wie ich denn überhaupt den ganzen Parlamentarismus und seine Früchte recht sehr mißachte.» Insbesondere in den letzten Jahren der Weimarer Republik zeitigte die antirepublikanische und antidemokratische Einstellung des 1932 wiedergewählten Reichspräsidenten von Hindenburg entsprechende Ergebnisse. Die von ihm eingesetzten letzten Reichskanzler vor der nationalsozialistischen Machtübernahme entstammten dem preußischen Adel. Reichskanzler Franz von Papen, bis 1932 Mitglied des Zentrums, dann parteilos, stand von Juni bis Dezember 1932 einer als «Kabinett der Barone» charakterisierten Regierung ohne demokratische Legitimation vor, in der sieben von zehn Ministern dem Adel entstammten. Er und sein Nachfolger, der nur wenige Monate amtierende Reichskanzler General Kurt von Schleicher, betrieben mit Billigung Hindenburgs die systematische Umgestaltung der Republik in einen autoritären Staat – ein Weg, der vom nachfolgenden Reichskanzler Adolf Hitler konsequent zu Ende gegangen wurde.

8. Das Dritte Reich

Der Siegeszug der nationalsozialistischen Diktatur 1933 zwang den deutschen Adel endgültig, sein Verhältnis zum antidemokratischen, menschenverachtenden Herrenrassenwahn zu klären. Eine einmütige Haltung gab es in Anbetracht der regionalen, konfessionellen und standesmäßigen, auch generationellen Unterschiede jedoch nicht. Ein Großteil des Adels sah sich indes mit den Nationalsozialisten einig in der Ablehnung der Demokratie und in der kritischen Einstellung zur modernen städtischen Kultur. Gemeinsam konnte man in Blut-und-Boden-Romantik schwelgen und militärische Leistungen bewundern. Selbst der nationalsozialistische Antisemitismus wurde von vielen Adeligen geteilt, auch wenn sie seine eliminatorischen Konsequenzen sicherlich nicht befürworteten. Überdies mochten die antiegalitären Elitekonzepte der nationalsozialistischen Ideologen die trügerische Hoffnung nähren, dass im neuen «Tausendjährigen Reich» der Geburtsadel neben dem Gesinnungsadel wieder eine prestigeträchtige gesellschaftliche Führungsrolle übernehmen könne.

Ein Blick auf die Adelsverbände macht jedoch deutlich, dass das Ausmaß der Zustimmung zum Nationalsozialismus recht unterschiedlich ausfiel. Die überregionale, aber in Preußen besonders stark verankerte Deutsche Adelsgenossenschaft hatte sich nach heftigen inneren Auseinandersetzungen schon vor der Machtübernahme den Nationalsozialisten angedient. Im Namen der DAG-Führung legte Fürst Bentheim 1933 Hitler den Adelsverband zu Füßen. Er erhoffte sich, die DAG als staatlich anerkannte Eliteorganisation in den nationalsozialistischen Staat integrieren zu können. Die nachfolgende Säuberung des Verbandes von «jüdischem Blut» und die Aufnahme von aktiven Nationalsozialisten in den Vorstand der Organisation waren zwar Schritte, mit deren Hilfe die Gleichschaltung aller großen Verbände und Vereine im Dritten Reich betrieben wurde, doch die größte deutsche Adelsorganisation erwies sich als besonders eifrig im vorauseilenden Gehorsam. Auch der vor der Machtübernahme Abstand zum Nationalsozialismus wahrende bayerische Landesverband der DAG knickte auf der Führungsebene nach der Machtübernahme sofort ein. Mehr Distanz zur Diktatur konnte nur ein Teil der Mitgliedschaft der süd- und südwestdeutschen Adelseinigungen bewahren. Ältere Standesgenossen scheinen weniger anschlussfreudig als ihre Kinder und Enkelkinder gewesen zu sein. Die süddeutsche, traditionell antipreußische, an der Habsburgermonarchie und einem katholischen Europa orientierte Adelswelt war weniger geneigt, sich vom Nationalsozialismus vereinnahmen zu lassen, als der mehrheitlich protestantische Adel, der im Wilhelminischen Kaiserreich, im preußischen Militärdienst oder als ostelbischer Großgrundbesitzer seine Bestimmung gefunden hatte.

Für die Deutschtümelei der Völkischen und Nationalen zeigte

vor allem der katholische ehemalige Reichsadel im Süden wenig Verständnis. «Ich bin nicht verwachsen geblieben mit dem Land, in dem ich geboren wurde. Man sollte glauben, wenn man wie die Schönborn aus dem Westerwald stammt und in Franken ansässig wurde, beides rein germanisches Land, daß man zu echten steifen Deutschen heranwachsen müsste. Dem war aber nicht so. Die Traditionen lagen seit Jahrhunderten schon im Osten», schrieb beispielsweise Johanna Gräfin von und zu Eltz um 1900 in ihr Tagebuch, darauf anspielend, dass man sich in der Partnerwahl, im Gutsbesitz und höfischen Leben an Böhmen, Ungarn und Wien orientierte. Typisch fiel auch ihre Bilanz zur eigenen Beziehung zum Nationalsozialismus im Jahr 1943 aus: «Eine gewisse Befriedigung ist es mir, daß ich niemals auch nur vorübergehend Nationalsozialistin gewesen bin. Es mag sein, daß dies starker Subjektivismus war, geleitet durch das vorherrschende Preußentum und durch seinen und Hitlers Wunsch, Österreich zu vernichten, d. h. es diesem Preußentum einzuverleiben, besser – auszuliefern. Unter Preußentum darf man allerdings nicht das geographisch festgelegte Preußen verstehen, sondern alle Teile Deutschlands, die diesem Einfluss unterlegen sind und das sind hauptsächlich rein protestantische Länder und Städte. [...] Vieles an dieser NS-Bewegung [...] war gesund und hätte sich in etwas Gutes entwickeln können, wenn nicht der Teufel hineingefahren wäre. Man kann das nennen wie man will, aber ein ganz böser Geist hat sich daraus entwickelt und zwar so weit, daß man sich schämt, zu den Deutschen, dem verhasstesten und, wie Bruder Erwein in den letzten Jahren sagte, dümmsten Volk der Erde gezählt zu werden.»

Solche sich nur im Nationalstolz und der Formulierung deutscher Interessen verwässernde Distanz zum Nationalsozialismus zeigte der preußische Adel zumeist nicht. Stattdessen lassen sich in diesem besonders anfällige Adelsgruppierungen ausmachen. Wie Stephan Malinowski prägnant formulierte: Der typische adelige Nationalsozialist «gehörte dem niederen Adel des ostelbischen Preußen an, war jung, männlich, protestantisch, ohne eigenen Grundbesitz und besaß zumeist eine militärische Vorprägung».

Frühe Parteieintritte konnten sich durchaus günstig auf berufliche Karrieren auswirken. Die wachsende Bedeutung des Militärs, Aufstiegsmöglichkeiten im «gesäuberten» Staatsdienst und die Hoffnung auf Landgewinn im Osten mögen die Annäherung an die NSDAP versüßt haben. Als Beispiel kann hier die Karriere Alexander von Woedtkes angeführt werden. Der 1899 geborene Offizier übernahm nach dem Ersten Weltkrieg das verschuldete Gut seiner Familie in Pommern und suchte dort, offenbar wenig erfolgreich, eine Geflügelzucht zu installieren. Nach der Zwangsversteigerung des Familienbesitzes 1929 wurde er Mitglied der NSDAP. Schon seit 1931 war er als Untersturmführer, später als Standartenführer hauptberuflich für die Nationalsozialisten tätig. Als Polizeipräsident von Sosnowiec befasste er sich nach der Besetzung Polens unter anderem mit der Ghettoisierung und Deportierung von Juden.

Dass Adelige den Zugang zu Führungsrollen in SS und SA suchten, lässt sich belegen. Rund 20% der Führungspositionen der SS wurden von Adeligen besetzt. In der SA stellten Adelige immerhin rund 12% der Führungskader bei einem Bevölkerungsanteil des Adels von vielleicht 0,2%. Vor allem in dieser vordergründig eher auf Volksgemeinschaft denn auf Elite ausgerichteten pseudosozialistischen Organisation lassen sich viele Adelige nachweisen, die sich von einer SA-Mitgliedschaft erhofften, den in der Weimarer Republik erlittenen sozialen Abstieg in sein Gegenteil verkehren zu können. Adelige traten der SA in der Regel nicht als einfache Sturmmänner bei; ihr Bonus als Adelige schlug sich zumeist in der sofortigen Übernahme in höhere SA-Ränge nieder. Als charakteristisch für diesen Adelstypus kann Curt von Ulrich gelten. Der 1876 geborene Sohn eines preußischen Generalmajors erlitt im Ersten Weltkrieg schwere Verwundungen und wurde 1920 als Oberstleutnant aus der Reichswehr entlassen. Nach einigen Stippvisiten in den paramilitärischen Wehrverbänden der Weimarer Republik trat er Mitte der 1920er Jahre der NSDAP und SA bei. Seine dort rasch beginnende Karriere mündete 1930 in ein NSDAP-Reichstagsmandat ein. Im September 1933 avancierte er zum Oberpräsidenten der Provinz Sachsen.

Bislang liegen keine Zählungen vor, die es erlauben, den Prozentsatz adeliger NSDAP-Angehöriger exakt zu bestimmen. Eine von Stephan Malinowski durchgeführte Überprüfung von ca. 350 Adelsfamilien ergab knapp 3600 adelige Parteimitglieder. Die Zahl ist nicht einfach zu interpretieren. Offensichtlich ist: Es gab mehr Adelige außerhalb als innerhalb der Partei. Doch unter den prominenten ostelbischen Adelsgeschlechtern lässt sich kaum eine Familie finden, die keine Parteimitglieder vorzuweisen hatte. Auch der in der Regel protestantische norddeutsche Hochadel fand den Weg in die NSDAP und ihre Untergliederungen. Eine NSDAP-eigene Zählung von 1941 ergab, dass bis zu diesem Jahr 270 Angehörige fürstlicher Häuser in die Partei eingetreten waren, rund 80 von diesen vor 1933. Bekannt ist unter anderem die nationalsozialistische «Karriere» des 1887 geborenen Prinzen August Wilhelm von Preußen. Der vierte Sohn Kaiser Wilhelms II. schloss sich nach einem Vorspiel im «Stahlhelm» im Herbst 1929 der nationalsozialistischen Bewegung an und wurde mit der Parteibuch-Nummer «24» in die NSDAP aufgenommen. Seit November 1931 gehörte er im Rang eines Standartenführers auch der SA an. Fortan betätigte er sich in Sachen Parteipropaganda mit betont egalitärem Habitus im Umgang mit seinen «SA-Jungens». Die Bedeutung des Kaisersohnes innerhalb der SA sollte nicht überbewertet werden. Doch er erfüllte gewissenhaft die ihm zugewiesene Aufgabe, sein gesellschaftliches Ansehen für die NSDAP nutzbringend einzusetzen. Nach der Machtübernahme wurde er indes nicht mehr gebraucht. Im Sommer 1934 geriet er durch die Röhm-Affäre weiter ins politische Abseits. Als er sich 1942 privat abfällig über Joseph Goebbels äußerte, erhielt er sogar Redeverbot.

Auffällig ist mit ca. 35% der hohe Frauenanteil unter den adeligen Parteimitgliedern. Adelige Frauen waren unter den weiblichen Anhängern der nationalsozialistischen Bewegung sichtlich überrepräsentiert. Doch erst der noch ausstehende Vergleich mit der adeligen weiblichen Mitgliedschaft anderer Parteien könnte belegen, ob sich der weibliche Adel tatsächlich besonders zur NSDAP hingezogen fühlte.

Ihre Grenze fand die adelige Anbiederung an den Nationalsozialismus in der Regel dort, wo ein elitärer Habitus auf die Idee der egalitären Volksgemeinschaft traf. Einzig durch den Status des Adeligseins beanspruchte Privilegien wurden vom Nationalsozialismus nämlich nicht gewährt, ja sogar vehement zurückgewiesen. Insbesondere die «alten Kämpfer» der Partei begegneten dem Adel mit Misstrauen. Auf der anderen Seite gab es in der NSDAP wahre Adelsverehrer wie Heinrich Himmler. Insgesamt erging es dem Adel im Nationalsozialismus wie anderen traditionellen Eliten auch. Ihre Organisationen wurden unterwandert, eingegliedert und entmachtet. Der Aufbau neuer, systemkonformer Eliten schwächte kontinuierlich den Stellenwert der alten Führungsgruppierungen und damit auch den Einfluss des Adels. Von einer echten Chance, das NSDAP-Programm mit eigenem Gedankengut beeinflussen zu können, konnte keine Rede sein. Individuelle Aufstiegskarrieren im Nationalsozialismus erforderten eine bedingungslose Unterordnung unter die Ziele der Diktatur.

Gab es einen dezidiert adeligen Widerstand, einen Widerstand, dessen Akteure ihre Gegnerschaft auf spezifisch adeligen Traditionen gründeten? Sicherlich nicht. Zwar waren viele Widerständler des 20. Juli 1944 Adelige. Als Angehörige einer Elite und ihrer Netzwerke mit Zugang zu den nationalsozialistischen Machthabern verfügten sie über einen größeren widerständigen Handlungsspielraum als beispielsweise kommunistische Widerständler. Schon wenige Stunden nach der Niederschlagung des Umsturzversuches charakterisierte Hitler die Verschwörung des 20. Juli daher auch als Aktion eines «Clubs von Grafen und Reaktionären». Doch insgesamt waren Adelige im Widerstand keinesfalls überrepräsentiert. Die meisten Adeligen, die dem Kreisauer Kreis angehörten oder am 20. Juli 1944 am Versuch beteiligt waren, die Macht Hitlers und des nationalsozialistischen Systems zu brechen, befürworteten 1933 eine völkisch-nationalkonservative Allianz mit Hitler oder waren sogar Mitglieder der NSDAP. Zum Widerstand fanden sie in der Regel enttäuscht von der Entwicklung Deutschlands und dem Verlauf des Krieges oder schockiert von den Kriegsverbrechen des Systems. Es waren individuelle und nicht selten einsame Wege in die Distanz zum Regime und nachfolgend in den Umsturzversuch vom 20. Juli 1944 – Entscheidungen, die ein Großteil der eigenen Familienmitglieder nicht teilte. So gehörten aus der Familie der hingerichteten Widerständler Friedrich Werner und Fritz-Dietlof von der Schulenburg 41 Mitglieder der NSDAP an. Das Adelsgeschlecht Tresckow stellte 30 Parteimitglieder neben Gerd von Tresckow, der sich nach dem Scheitern des Attentats auf Hitler der Folter im Gefängnis durch Selbstmord entzog. Carl-Hans Graf von Hardenberg, der sich geweigert hatte, der Partei beizutreten, und die nationalsozialistische Verfolgung der Widerständler im Konzentrationslager Sachsenhausen überlebte, hatte 27 Verwandte mit Parteibuch. Das Adelsgeschlecht Schwerin stellte nicht nur den hingerichteten Attentäter des 20. Juli, Ulrich Wilhelm Graf von Schwerin-Schwanenfeld, sondern auch 52 Parteimitglieder. Es war die Würdigung, die der Umsturzversuch des 20. Juli 1944 später in der Bundesrepublik erfahren sollte, die den Eindruck entstehen ließ, ein beachtlicher Teil des Adels sei dem nationalsozialistischen Unrechtsregime kritisch gegenübergestanden. Historisch belegen lässt sich diese Einschätzung jedoch nicht.

9. Der Adel im geteilten Deutschland (1945–1990)

Der Zusammenbruch des Nationalsozialismus und das Kriegsende stellten den deutschen Adel vor die Frage, ob und wie sich sein Selbstverständnis als gesellschaftliche Elite mit der von den Besatzungsmächten verordneten Neugestaltung Deutschlands vereinbaren ließ. Dabei waren schon die Ausgangsbedingungen für die Angehörigen einzelner Adelslandschaften gänzlich unterschiedlich. Mit der völligen Vernichtung ihrer Existenzgrundlage waren – aufgrund vorhandener Netzwerke oft nur scheinbar – die vertriebenen ostpreußischen adeligen Großagrarier konfrontiert. In der sowjetischen Besatzungszone standen die Elitefunktion des Adels, später auch dessen Großgrundbesitz und Immobilien zur Disposition. Dagegen beschränkte sich die spezifische Anforderung an die Adeligen in den Westzonen darauf, das eigene Verhältnis zur Demokratie neu zu bestimmen. Für alle galt: Erklärungsbedürftig waren die Verstrickungen der eigenen sozialen Gruppe in den Nationalsozialismus. Aber auch die Beteiligung von Adeligen am Widerstand bedurfte der Legitimation. Erst die Bemühungen Ende der 1950er, den bürgerlich/militärisch/adeligen Widerstand in die demokratische Erinnerungskultur einzuschreiben, befreiten diesen vom Odium des Landesverrats.

Dass sich viele Adelige bestens mit der nationalsozialistischen Diktatur arrangiert hatten, war den deutschen Politikern wie den Alliierten durchaus bewusst. 1946 zeigte sich der spätere Bundeskanzler Konrad Adenauer «tief empört» über die Nähe des, seiner Meinung nach, «größten Teiles» des Adels zum Nationalsozialismus. «Sie sind unter Verleugnung ihrer Tradition aus einer völlig unbegründeten Abneigung gegen eine wirkliche Demokratie einem verbrecherischen Abenteuer nachgelaufen und haben dadurch vor Gott eine schwere Schuld auf sich geladen», ließ er Pia Gräfin Fürstenberg-Herdingen wissen, die sich bei ihm anlässlich der Nürnberger Prozesse gegen die Hauptkriegsverbrecher für Franz von Papen, den früheren Reichskanzler und Steigbügelhalter Hitlers, einsetzte. Ein wie auch immer gearteter Anspruch auf eine neuerliche Elitenposition schien in der aufzubauenden Bundesrepublik also verspielt. Doch angesichts der in allen Zonen äußerst moderat ausfallenden Entnazifizierung hatte das «verbrecherische Abenteuer» für den Adel auch keine besonders harten Folgen. Als Beispiel mag gerade das Schicksal Franz von Papens dienen. 1946 wurde er im Nürnberger Prozess freigesprochen, im nachfolgenden Entnazifizierungsverfahren 1947 indes als Hauptschuldiger eingestuft und zu acht Jahren Arbeitslager und Vermögensentzug verurteilt. Doch bereits 1949 erhielt er seine Freiheit und seinen Besitz zurück. Bis zu seinem Tod 1969 bemühte er sich vergeblich um eine neuerliche politische Karriere und betätigte sich schriftstellerisch im Sinne der Verharmlosung der eigenen politischen Biografie. Eigentlich interessierte das in der jungen Bundesrepublik jedoch niemanden.

Ähnlich moderat verliefen die alliierten Bemühungen im Westen Deutschlands, die politische und gesellschaftliche Macht der «Junker» durch die Zerschlagung ihrer Latifundien zu schwächen. Im Kontrollrat hatten sich die Alliierten auf eine entsprechende Bodenreform geeinigt. Sie führte in der SBZ zur systematischen Enteignung des Großgrundbesitzes. In den Westzonen war die Bodenreform dagegen nur in Verbindung mit Entschädigungszahlungen geplant. Doch hier verlief sie angesichts des Widerstandes der deutschen Politiker im Sande. Reinhold Maier, erster Ministerpräsident Württemberg-Badens, setzte beispielsweise alles daran, die im Südwesten ohnehin nicht allzu zahlreich vorhandenen adeligen Großgrundbesitzer vor angeordneten Zwangsverkäufen zu schützen. Vorhaltungen, wie etwa die des Grafen Leutrum, der Großgrundbesitz sei durch Fleiß- und eigene Handarbeit entstanden, beantwortete die Militärregierung zwar mit süffisanten Hinweisen auf die gängigen leistungsunabhängigen Erbfolgegesetze. Auch den Versuch Maiers, wenigstens die nachweislich widerständigen Adeligen von der Bodenzwangsabgabe zu befreien – was nach amerikanischen Berechnungen im Südwesten rund 40% der geplanten Abgaben betroffen hätte –, verliefen zuerst erfolglos. Aber die eingeschlagene Verzögerungsstrategie sorgte insgesamt dafür, dass bis zum Ende der Besatzungszeit der adelige Grundbesitz in den Westzonen überwiegend unangetastet blieb.

Vor dem Hintergrund insbesondere der Verlustgeschichte des ostelbischen Adels und vielleicht mitbegründet durch die Vermeidung der Bodenreform in den Westzonen fiel die adelige Opposition zum Demokratieaufbau im Westen Deutschlands recht schwach aus. Das hatte zum einen damit zu tun, dass in den ersten Jahren nach 1945 nicht deutsche Politiker, sondern die alliierten Besatzungsmächte die Medien und politischen Bühnen kontrollierten. Die Versuche beispielsweise, in Bayern eine monarchistische Partei zu gründen, beantwortete die amerikanische Besatzungsmacht kurzerhand mit einem rüden Verbot. Die in alliierten Kreisen diskutierte Beteiligung der «Junker» am Untergang der Weimarer Demokratie ließ die westlichen Besatzungsmächte dem deutschen Adel nicht selten mit Misstrauen begegnen. Von einer privilegierten adeligen Beteiligung am deutschen Wiederaufbau konnte folglich keine Rede sein. Zum anderen war die Kriegsniederlage Deutschlands so grundlegend, dass für neuerliche Dolchstoßlegenden und eine adelige Selbststilisierung als Opfer umstürzlerischer sozialistischer/demokratischer Kräfte kein Raum blieb. Vermutlich wurden aus antidemokratisch gesinnten Anhängern völkischer oder ständischer Gesellschaftsentwürfe nicht über Nacht überzeugte Demokraten. Doch den Zwang zum Umdenken teilten Adelige mit einem Großteil der sonstigen Bevölkerung Westdeutschlands. Förderlich für die beginnende Aussöhnung mit der Demokratie in der Bundesrepublik dürften der Kalte Krieg und das warnende Beispiel der DDR gewesen sein. Angesichts der sozialistischen Enteignungen im Osten Deutschlands konnte man die «Zumutungen» im Westen als vergleichsweise marginal empfinden. Nicht nur schuf der auf Grund- und Hausbesitz basierende Lastenausgleich zumindest eine materielle Grundlage für einen Neustart; auch die liberale Ausgestaltung der Wirtschaftsordnung trug sicherlich dazu bei, dass sich der Adel allmählich in der Demokratie beheimaten konnte. Hilfreich mag auch die in den 1950er Jahren einsetzende positive Rezeption des Widerstands des Kreisauer Kreises und des Attentatsversuchs vom 20. Juli 1944 gewesen sein. Helmuth James Graf von Moltke, Jurist und Besitzer des schlesischen Landgutes, das dem Kreisauer Kreis den Namen gab, Henning von Tresckow, Spross einer preußischen Adelsfamilie mit langer militärischer Tradition, oder Claus Schenk Graf von Stauffenberg, Offizier und dritter Sohn des letzten Oberhofmarschalls des Königs von Württemberg, standen für das «gute» Deutschland: für eine Elite, die sich, wenn überhaupt, nur bedingt auf den Nationalsozialismus eingelassen hatte. Ihre dem Adel insgesamt zugeschriebenen Tugenden, eine konservative Wertorientierung, Ehr- und Verantwortungsgefühl, Mut zur Eigeninitiative und die Bereitschaft, für höhere Ziele das eigene Leben zu riskieren, galten in der Bundesrepublik als akzeptable Begründungen widerständigen Verhaltens und des militärischen Eidbruchs. Dem tat der Umstand keinen Abbruch, dass die politische Gesinnung der mehrheitlich wertkonservativen bürgerlichen und adeligen Angehörigen des Kreisauer Kreises und der Verschwörer des 20. Juli 1944 nur bedingt als demokratisch charakterisiert werden kann.

Der Wirtschaftsaufschwung seit den 1950er Jahren dürfte auch adeligen Familien neue Betätigungsfelder und die Chance zum Erhalt des eigenen Sozialprestiges geboten haben. Dies bedeutet freilich nicht, dass es dem Adel in seiner Gesamtheit gelungen wäre, wirtschaftlich von neuem zu prosperieren. Auf der aktuellen Liste der reichsten Deutschen, die das Manager-Magazin führt, findet sich auf Platz 16 mit August von Finck der erste Adelige. Insgesamt scheint der Anteil seiner Standesgenossen an den aufgelisteten reichen Familien dem Adelsanteil an der Bevölkerung in etwa zu entsprechen. Doch ein Adelstitel gilt in Wirtschaftskreisen auch heute noch keinesfalls als hinderlich.

Alles in allem gelang es wohl vielen Adelsfamilien, in der Bundesrepublik Fuß zu fassen. Adelige Familienverbände konnten sich über den gesellschaftlichen Zusammenbruch hinweg behaupten bzw. neuerlich festigen. Berufs- und Heiratsstrategien wurden zwischen Tradition und Wandel den neuen Herausforderungen im Kampf ums Obenbleiben angepasst. Sie trugen insgesamt dazu bei, den Adelsstatus als ein soziales Prestigemerkmal auch in einer Gesellschaft zu bewahren, die keine rechtlich verankerten Standesprivilegien mehr kennt. Das eigene Selbstverständnis als soziale Elite, die dank Familientradition, Erziehungsstil und kulturellem Kapital bestens für gesellschaftliche Führungsaufgaben geeignet sei, ließ sich demokratisch gewandelt in die patriarchal geführte junge Bundesrepublik einbringen und über die folgenden Jahrzehnte hinweg behaupten. Zwar sind Adelige als politische Mandatsträger auf der Bundesebene nicht sonderlich überrepräsentiert. Beachtlich ist jedoch das hohe soziale Prestige, das adelige Familien in ihren Stammregionen noch heute vielfach als Arbeitgeber, Mäzene, Stifter und Lokalpolitiker genießen.

Artikel über den Hochadel in der Regenbogenpresse besitzen eine treue Leserschaft. Literarische Bearbeitungen und publizierte autobiografische Erinnerungen an die untergegangenen adeligen Welten im Osten erreichen noch immer oder gerade heute beachtliche Auflagen. In den 1970er Jahren waren es die breit rezipierten und rasch verfilmten Romane von Christine Brückner «Jauche und Levkojen» und «Nirgendwo ist Poenichen», die das deutsche Lesepublikum erstmals mit der Verlustgeschichte des ostelbischen Adels einfühlsam vertraut machten. Erzählt wurde die Familiengeschichte eines ostelbischen Adelsgeschlechts, das Leben als Angehörige großgrundbesitzender pommerscher Adeliger, ohne dass die Autorin die sozialen und politischen Gegensätze, die sich im 20. Jahrhundert formierten und entluden, harmonisierte. Thematisiert wurden aber auch die traumatischen Folgen von Flucht, Deklassierung und der schwere Neuanfang im Westen. Die Autorin ließ Maximiliane von Quindt, die Heldin der Romane, in den 1970er Jahren in die alte Heimat reisen. Hier vollzog sie auf den überwucherten Trümmerresten des einstigen Familienschlosses «nachträglich und ihrerseits die Unterzeichnung der Polenverträge». Ihr Resümee lautete: «Der Mensch besaß nicht Wurzeln wie ein Baum. Was gedeihen sollte, musste verpflanzt werden. Die biologischen Gesetze galten auch für die Menschen: die kräftigen und jungen Gewächse gediehen, die schwächlichen und alten verkümmerten.»

Seit den 1980er Jahren folgten in steigender Zahl autobiografische Erinnerungen vertriebener ostelbischer Adeliger nach. Marion Gräfin Dönhoff beschrieb ihre «Kindheit in Ostpreußen». Esther Gräfin von Schwerin erzählte von «Kormoranen» und «Brombeerranken». Hans Graf von Lehndorff veröffentlichte seine Kindheits- und Jugenderinnerungen unter dem Titel «Menschen, Pferde, weites Land». Es waren mit Wehmut gemalte Bilder eines Lebensstils, der wenig berührt gewesen zu sein schien von den sozialen und politischen Konflikten, die zu ihm gehörten bzw. ihn ermöglichten. Doch die Erzählungen sind sicherlich dazu geeignet, dem Publikum das tradierte Selbstverständnis des Adels auch und gerade als soziale Elite und soziale Prestigegruppe zu vermitteln.

Die Wiedervereinigung 1990 ließ bei Teilen zu SBZ- und

DDR-Zeiten enteigneter (adeliger) Großgrundbesitzer die Hoffnung keimen, die früheren Güter zurückerhalten zu können. Mit Verweis auf den Zwei-plus-Vier-Vertrag und dessen Vorbedingungen wurden jedoch alle entsprechenden Versuche vom Bundesverfassungs- und Bundesverwaltungsgericht zurückgewiesen. Zumindest das adelige Landgut als Basis und Quelle eines Teils adeligen Selbstverständnisses erscheint heute – so der Klappentext zu den Erinnerungen Hans Graf von Lehndorffs – als eine «unwiederbringlich verlorene Welt».

Literaturauswahl

Andermann, K./Joos, C. (Hg.): Grafen und Herren in Südwestdeutschland vom 12. bis zum 17. Jahrhundert. Epfendorf 2006.

Asch, R./Bůžek, V./Trugenberger, V. (Hg.): Adel in Südwestdeutschland und Böhmen. 1450–1850. Stuttgart 2013.

Bastl, B.: Tugend, Liebe, Ehre : Die adlige Frau in der Frühen Neuzeit. Wien 2000.

Bauer V.: Die höfische Gesellschaft in Deutschland von der Mitte des 17. bis zum Ausgang des 18. Jahrhunderts. Tübingen 1993.

Borst, O./Asche, S. (Hg.): Frauen bei Hof. Tübingen 1998.

Conze, E. (Hg.): Kleines Lexikon des Adels. Titel, Throne, Traditionen. München ²2012.

Conze, E./Wienfort, M. (Hg.): Adel und Moderne. Deutschland im europäischen Vergleich im 19. und 20. Jahrhundert. Köln u. a. 2004.

Conze E./Jendorff, A./Wunder, H. (Hg.): Adel in Hessen. Herrschaft, Selbstverständnis und Lebensführung vom 15. bis zum 20. Jahrhundert. Marburg 2010.

Conze, E./Lorenz, S. (Hg.): Die Herausforderung der Moderne: Adel in Südwestdeutschland im 19. und 20. Jahrhundert. Ostfildern 2010.

Conze, E./Meteling, W./Schuster, J./Strobel, J. (Hg.): Aristokratismus und Moderne: Adel als politisches und kulturelles Konzept, 1890–1945. Köln u. a. 2013.

Demel, W./Kramer, F. (Hg.): Adel und Adelskultur in Bayern. München 2008.

Diemel, C.: Adelige Frauen im bürgerlichen Jahrhundert. Hofdamen, Stiftsdamen, Salondamen 1800–1870. Frankfurt/M. 1998.

Endres, R.: Adel in der Frühen Neuzeit. München 1993.

Fehrenbach, E. (Hg.): Adel und Bürgertum in Deutschland 1770–1848. München 1994.

Frie, E.: Friedrich August Ludwig von der Marwitz 1777–1837. Biographie eines Preußen. Paderborn u. a. 2001.

Gersmann, G./Kaiser, M. (Hg.): Selbstverständnis – Selbstdarstellung – Selbstbehauptung. Der Adel in der Vormoderne, I/II, = zeitenblicke [online-Zeitschrift] 4, 2005, Nr. 2 u. 3, URL: http://www.zeitenblicke.historicum.net

Gollwitzer, H.: Die Standesherren: Die politische und gesellschaftliche Stellung der Mediatisierten 1815 bis 1918. Göttingen ²1964.

Harding, E./Hecht, M. (Hg.): Die Ahnenprobe in der Vormoderne. Selektion – Initiation – Repräsentation. Münster 2011.

Hengerer, M.: Kaiserhof und Adel in der Mitte des 17. Jahrhunderts. Eine Kommunikationsgeschichte der Macht in der Vormoderne. Konstanz 2004.

Hoyningen-Huene, I. Freifrau v.: Adel in der Weimarer Republik. Limburg 1992.

Kollbach, C.: Aufwachsen bei Hof: Aufklärung und fürstliche Erziehung in Hessen und Baden. Frankfurt/M. 2009.

Kubrova, M.: Vom guten Leben : Adelige Frauen im 19. Jahrhundert. Berlin 2011.

Kühnel, F.: Kranke Ehre? Adlige Selbsttötung im Übergang zur Moderne. München 2013.
Labouvie, E.: Adel an der Grenze: Höfische Kultur und Lebenswelt im SaarLor-Lux-Raum (1697–1815). Saarbrücken 2009.
Malinowski, S.: Vom König zum Führer. Sozialer Niedergang und politische Radikalisierung im deutschen Adel zwischen Kaiserreich und NS-Staat. Berlin 2003.
Menning, D.: Standesgemäße Ordnung in der Moderne: adlige Familienstrategien und Gesellschaftsentwürfe in Deutschland 1840–1945. München 2014.
Press, V.: Adel im Alten Reich. Tübingen 1998.
Reif, H.: Adel im 19. und 20. Jahrhundert. München [2]2012.
Reif, H. (Hg.): Adel und Bürgertum in Deutschland. 2 Bde. Berlin 2000.
Reif, H.: Westfälischer Adel 1770–1860. Vom Herrschaftsstand zur regionalen Elite. Göttingen 1979.
Rode-Breymann, S./Tumat, A. (Hg.): Der Hof: Ort kulturellen Handelns von Frauen in der Frühen Neuzeit. Köln 2013.
Rösener, W.: Leben am Hof. Königs- und Fürstenhöfe im Mittelalter, Ostfildern 2008.
Schattkowsky, M.: Zwischen Rittergut, Residenz und Reich. Die Lebenswelt des kursächsischen Adligen Christoph von Loß auf Schleinitz (1574–1620). Leipzig 2007.
Schraut, S.: Das Haus Schönborn, eine Familienbiographie. Katholischer Reichsadel 1640–1840. München u.a. 2005.
Sikora, M.: Der Adel in der Frühen Neuzeit. Darmstadt 2009.
Spieß, K.-H.: Familie und Verwandtschaft im deutschen Hochadel des Spätmittelalters. Stuttgart 1993.
Stekl, H.: Adel und Bürgertum in der Habsburgermonarchie. 18. bis 20. Jahrhundert. Wien/München 2004.
Wienfort, M.: Der Adel in der Moderne. Göttingen 2006.
Wrede, M./Carl, H. (Hg.): Zwischen Schande und Ehre. Erinnerungsbrüche und die Kontinuität des Hauses. Legitimationsmuster und Traditionsverständnis des frühneuzeitlichen Adels in Umbruch und Krise. Mainz 2007.
Wunder, H. (Hg.): Dynastie und Herrschaftssicherung in der Frühen Neuzeit: Geschlechter und Geschlecht. Berlin 2002.

Bildnachweis

Seite 11: Kujawsko-Pomorska Biblioteka Cyfrowa, aus: E. Harding/M. Hecht (Hg.): Die Ahnenprobe in der Vormoderne, Münster 2011; Seite 23: Württembergisches Landesmuseum, Stuttgart, Inv. Nr. 2735/Wikipedia; Seite 73: Gebr. Metz, Tübingen/Archiv Sylvia Schraut; Seite 83: akg-images; Seite 105: www.simplicissimus.info, Online-Edition, Klassik Stiftung Weimar, Herzogin Anna Amalia Bibliothek in Zusammenarbeit mit der RWTH Aachen und dem Deutschen Literaturarchiv Marburg, gefördert von der Deutschen Forschungsgemeinschaft